W0274599

Dieser Band enthält – links französisch, rechts deutsch – sechs Erzählungen, die Jean Giraudoux (1882–1944) als junger Mann für das Feuilleton der Pariser Zeitung «Le Matin» geschrieben hat: spritzig-ironische, liebenswürdige, brillant gezeichnete Bildchen aus der Belle Epoque.

dtv zweisprachig · Edition Langewiesche-Brandt

Jean Giraudoux

Petits Contes

Pariser Erzählungen

Übersetzung von Ulrich Friedrich Müller

dtv

Deutscher Taschenbuch Verlag

Deutscher Taschenbuch Verlag GmbH & Co. KG, München
8. Auflage März 1992

Umschlaggestaltung: Celestino Piatti
Gesamtherstellung: Kösel, Kempten
Printed in Germany. ISBN 3-423-09228-9

Au Cinéma

Marguerite Rocher entra en coup de vent dans la chambrette de son amie Jeanne et lui sauta au cou.

– Ton fiancé revient d'Amérique? fit Jeanne.

– Il est sur le bateau, répondit Marguerite; son contrat avec le cirque Manhattan, où il était cycliste excentrique, expirait hier. Pourvu, mon Dieu, qu'on ne les aborde pas ou que rien ne chavire!

Elle alla à la fenêtre, machinalement, comme tous ceux qui attendent, et sa crainte passa à contempler Paris. Les rues s'ordonnaient paisiblement. Aucun souffle ne bousculait les girouettes sur l'océan des toits. Le pilote le plus niais eût lu sa route dans ce ciel où ne
6 manquait pas une étoile.
7 – Hop! fit-elle en laissant tomber les ri-

Im Kino

Marguerite Rocher stürzte in das kleine Zimmer ihrer Freundin Jeanne und fiel ihr um den Hals.

«Kommt etwa dein Verlobter aus Amerika zurück?» fragte Jeanne.

«Er ist schon auf dem Schiff», erwiderte Marguerite, «sein Vertrag mit dem Zirkus Manhattan, wo er als Radfahrartist arbeitete, ist gestern abgelaufen. Mein Gott, wenn das Schiff nur nicht von Piraten überfallen wird oder kentert!»

Unwillkürlich ging sie, wie alle, die jemanden erwarten, zum Fenster, und ihre Angst verflog beim Anblick von Paris. Die Straßen waren noch da, friedlich und wohlgeordnet. Kein Hauch bewegte die Wetterfahnen auf dem Ozean der Dächer. Der dümmste Steuermann hätte seinen Kurs von diesem Himmel ablesen können, an dem nicht ein Stern fehlte.

«Komm», sagte sie und ließ die Vorhänge fallen,

deaux, ton chapeau! Pas celui-là, le neuf! Je t'enlève. Nous allons au théâtre. Quel théâtre? Je n'en sais rien. Nous demanderons à un sergent de ville, et, d'ailleurs, on distribue des prospectus. Mais veux-tu bien vite changer de robe. A-t-on jamais vu mettre une robe verte avec un chapeau bleu?

Les rues de Paris seraient nettes comme une grange hollandaise si tous les passants mettaient à accepter les prospectus le soin qu'y porta Marguerite. A vrai dire, aucun n'indiquait le théâtre désiré. Le premier les invitait malgré l'heure tardive à savourer les deux plats de cuisine bourgeoise offerts par le restaurant de l'Etoile Jaune; le second leur apprit qu'un certain M. Tardivet se disposait à flétrir les moeurs des peuplades zobogi, dans l'amphithéâtre X. de la Sorbonne et ces demoiselles furent tentées car l'entrée était gratuite. Mais au coin de la taverne de l'Odéon, un monsieur vêtu d'un chapeau haut de forme et d'une affiche les arrêta, les salua jusqu'à terre, exécuta une magistrale aile de pigeon et, désignant
8 du doigt une porte où flamboyait en lettres de
9 gaz le mot *Cinéma*, il les assura que le spec-

«nimm deinen Hut! Doch nicht den da, den neuen! Ich lade dich ein. Wir gehen ins Theater. In welches? Das weiß ich selber nicht. Wir fragen einen Schutzmann, und überhaupt, es werden ja Prospekte verteilt. Aber willst du wohl gleich ein anderes Kleid anziehen! Hat man je so etwas gesehen: ein grünes Kleid zu einem blauen Hut?»

Die Straßen von Paris wären sauber wie eine holländische Scheune, wenn alle Passanten die Prospekte mit solcher Sorgfalt entgegennehmen würden wie Marguerite. Aber leider nannte ihnen keiner das gewünschte Theater. Das erste Programm lud sie trotz der vorgerückten Stunde zum Genuß von zwei Gängen bürgerlicher Küche im Restaurant de l'Etoile Jaune ein; aus dem zweiten ersahen sie, daß ein gewisser Herr Tardivet im Hörsaal X der Sorbonne die Gebräuche der Zobogi-Stämme brandmarken würde, und die jungen Damen überlegten bereits, ob sie nicht dort hingehen sollten, weil der Eintritt frei war. Aber an der Ecke der Taverne de l'Odéon vertrat ihnen ein Herr im Zylinderhut und mit einem Plakat den Weg. Er verbeugte sich bis zur Erde, machte einen meisterhaften Kratzfuß, und indem er auf eine Tür zeigte, über welcher in Leuchtbuchstaben das Wort *Cinéma* flammte, versicherte er ihnen, daß das Programm

tacle était entièrement nouveau. Bien qu'elles n'eussent pas vu l'ancien, Jeanne et Marguerite furent alléchées.

– Est-ce que c'est commencé?

– Ça commence à tout instant et ça recommence, dit l'homme-sandwich au milieu d'un nouvel entrechat, c'est comme l'amour pour la jeunesse et vous aurez, en une heure, de quoi rire, pleurer et crier d'aise à volonté.

Il poussa, d'ailleurs, la complaisance jusqu'à les recommander à la dame du comptoir, qui les plaça dans le coin de gauche le plus extrême de l'amphithéâtre (c'est à gauche, disent les ouvreuses, qu'on entend le mieux).

L'orchestre joua *la Marseillaise*.

Puis, ce fut l'histoire du terrassier qui, alors que le chantier est en grève, s'obstine à travailler seul et nécessite la présence continuelle de plusieurs municipalités, de quelques escadrons et des plus hauts fonctionnaires de la République. L'orchestre jouait l'hymne russe.

Au faux gréviste succéda le *looping the loop*. Sur un terrain vague bordé de maisons à quarante étages, la boucle se convulsait com-
10 me un trottoir roulant, qu'un été trop ardent
11 a gondolé. Une foule impatiente assiégeait le

völlig neu sei. Obwohl sie das alte nicht gesehen hatten, fühlten sich Jeanne und Marguerite doch angezogen.

«Hat es schon angefangen?»

«Es fängt jeden Augenblick an und beginnt immer von neuem», sagte der Plakatmann und wiederholte seine Verbeugung, «es ist wie die Liebe für die Jugend, und Sie können eine Stunde lang so viel lachen, weinen und schreien wie Sie nur wollen.»

Er ging in seiner Freundlichkeit so weit, sie der Dame an der Kasse zu empfehlen, die sie in die äußerste linke Ecke des Zuschauerraumes setzte. (Links hört man am besten, sagen die Platzanweiserinnen.)

Das Orchester spielte die Marseillaise.

Dann kam die Geschichte von dem Erdarbeiter, der, während die ganze Baustelle streikt, hartnäckig allein weiterarbeitet und die ständige Anwesenheit mehrerer Gemeinderäte, einiger Reiterschwadronen und der höchsten Beamten der Republik erforderlich macht. Das Orchester spielte die russische Nationalhymne.

Nach dem Streikbrecher folgte das *looping the loop*. Auf einem von vierzigstöckigen Häusern umstandenen öden Platz bog sich die Schleife wie eine von allzu starker Sommerhitze krummgebogene Rolltreppe. Eine ungeduldige Menschenmenge umlagerte den

ring où deux officiels, assis sur le gazon, jouaient paisiblement aux échecs. On devinait qu'on était en Amérique aux femmes sergents de ville qui bousculaient les curieux; aux enfants de huit ans, debout sur des chaises, qui enregistraient des paris; aux Peaux-Rouges coiffés de plumes, qui vendaient des gâteaux et, enfin, à l'orchestre qui jouait *Samson et Dalila* sur la mesure d'un cake-walk.

Soudain, un remous monta du bas du tableau, y agita toutes les têtes et reflua même dans la salle. Le boucleur apparaissait. Le coeur de Marguerite s'arrêta une minute. Elle venait de reconnaître Jacques, son fiancé.

Il salua, digne et souriant à la fois, comme tous les fiancés et tous les acrobates. Il était même plus souriant et plus digne que jamais, puisqu'il avait rasé sa moustache, ce qui lui découvrait ses jolies lèvres.

Un ascenseur hissa Jacques et son manager sur la plate-forme du départ. Un immense pavillon américain flottait à leur hauteur et monta avec eux. Les raies du maillot de Jacques semblaient continuer celles du drapeau.
12 L'impresario harangua la foule et embrassa
13 le héros.

Ring, wo zwei Amtspersonen auf dem Rasen saßen und friedlich Schach spielten. Daß man in Amerika war, konnte man an den weiblichen Schutzleuten erkennen, welche die Neugierigen zurückdrängten; an den achtjährigen Kindern, die auf Stühlen standen und Wetten annahmen; an den federgeschmückten Rothäuten, die Kuchen verkauften, und schließlich an dem Orchester, das «Samson und Delila» im Takt eines Cake-Walk spielte.

Plötzlich entstand unten im Bild eine Aufregung, die Menschen reckten die Hälse, und selbst die Leute im Saal wurden angesteckt. Der Todesfahrer erschien. Marguerite blieb für einen Augenblick das Herz stehen. Sie hatte Jacques erkannt, ihren Verlobten.

Er grüßte, würdig und lächelnd zugleich, wie alle Verlobten und alle Akrobaten. Er wirkte sogar freundlicher und würdiger denn je, weil er sich seinen Schnurrbart abrasiert hatte und so seine wohlgeformten Lippen zeigte.

Ein Aufzug brachte Jacques und seinen Manager zur Startplattform. Eine riesige amerikanische Fahne flatterte neben ihnen und stieg mit ihnen in die Höhe. Es sah so aus, als seien die Streifen am Trikot von Jacques die Verlängerungen von denen auf der Flagge. Der Impresario hielt eine Rede an die Menschenmenge und umarmte den Helden.

Tout d'un coup, l'orchestre se tut, ponctuant, par son silence, la minute angoissante. C'est le départ. Jacques envoie des deux mains un baiser si large que Marguerite en a sa part; il enfourche la machine, lève les bras au ciel, les rabaisse sur son guidon, et l'impresario le lâche.

La machine part à toute allure; Jacques pédale comme un fou, tiré par la ligne noire tracée au milieu de la boucle comme par un câble. Il entre dans le cercle de la mort, il tourne, il monte. Marguerite ferme les yeux de délices et de peur, mais soudain ...

Des enfants crient, des dames froissent nerveusement les programmes, des gorges angoissées toussent faux. Marguerite, qui a ouvert les yeux, comprend. Sur la toile, au-dessous de la boucle, un groupe se penche sur une masse noire, entrevue une seconde, masquée aussitôt par la foule des Américains qui se précipitent, noient chaque angle, chaque vide, et se crient des choses si terribles qu'on les entend presque, à travers l'océan, tandis que le pavillon américain, lentement, s'abat.

14 – Jacques! Jacques! crie Marguerite qui
15 s'est dressée.

Plötzlich schwieg das Orchester und betonte durch diese Stille den spannenden Augenblick. Abfahrt! Mit beiden Händen wirft Jacques eine so große Kußhand, daß auch Marguerite ihr Teil abbekommt. Er besteigt das Rad, hebt die Arme gen Himmel, legt sie auf den Lenker – und schon läßt der Impresario ihn los.

Das Fahrrad rast davon. Jacques tritt wie ein Wahnsinniger in die Pedale. Wie ein Kabel zieht ihn der schwarze Strich in der Mitte der Schleife. Er fährt in den Todeskreis hinein, wird herumgeschleudert, steigt in die Höhe. Vor Entzücken und Angst schließt Marguerite die Augen. Da plötzlich ...

Kinder schreien, Damen zerdrücken vor Aufregung ihr Programm, einige Leute, denen die Angst die Kehle zugeschnürt hat, hüsteln. Marguerite hat die Augen geöffnet und begreift. Auf der Leinwand beugt sich unter der Schleife eine Gruppe Menschen über ein dunkles Etwas, das für einen Augenblick zu sehen ist und gleich wieder durch die Menge der Amerikaner verdeckt wird, die sich herandrängen, jede Ecke, jedes freie Fleckchen verdecken und sich so schreckliche Sachen zurufen, daß man sie beinahe von jenseits des Ozeans versteht. Währenddessen geht langsam die amerikanische Flagge am Mast herunter.

«Jacques! Jacques!» ruft Marguerite, die aufgesprungen ist.

Elle s'abat sur son fauteuil en sanglotant. Jeanne, au milieu du brouhaha, l'entraîne au dehors. La voilà, dans le foyer, étendue – seconde victime – au-dessous de la boucle gigantesque dessinée sur l'affiche. Le directeur, qu'on a prévenu, vient vers elle et lui tapote la joue. Il a l'habitude de ces surprises. Hier, une dame a reconnu sur la toile, parmi les curieux qui se pressaient au passage du roi de Suède, son mari au bras d'une jeune femme, et l'a giflé en plein spectacle.

– Monsieur le Directeur! crie Marguerite. Il est mort?

– Mes pauvres petites, fait-il, comment voulez-vous que je le sache? J'ai reçu mes films voilà un jour à peine.

Il se demande, plein de compassion, s'il ne va pas leur offrir des billets gratuits pour toute la durée du spectacle. Mais, soudain, il se frappe le front et s'en va en courant.

Un instant après, il revient, une lettre à la main.

– Vous appelez-vous Marguerite Rocher, rue du Regard? Voilà une lettre à cette adresse. Elle était dans le paquet du photographe et je devais la faire suivre.

Schluchzend bricht sie in ihrem Sessel zusammen. Jeanne zieht sie durch das Getümmel nach draußen. Da liegt sie nun in der Vorhalle als zweites Opfer unter der riesigen Schleife, welche auf dem Plakat abgebildet ist. Der Direktor, dem man Bescheid gesagt hat, kommt und tätschelt ihre Wange. Er ist an solche Überraschungen gewöhnt. Gestern noch hat eine Dame auf der Leinwand unter den Neugierigen, die sich bei der Vorbeifahrt des Königs von Schweden drängten, ihren Mann am Arm einer jungen Frau erkannt und ihn während der Vorstellung geohrfeigt.

«Herr Direktor!» ruft Marguerite. «Ist er tot?»

«Meine armen Kinder», sagt er, «wie soll ich das wissen? Ich habe meine Filme gerade gestern bekommen.»

Er fragt sich schon voller Mitleid, ob er den beiden nicht für die restlichen Vorstellungen des Tages Freikarten geben soll. Aber plötzlich schlägt er sich vor den Kopf und läuft davon.

Einen Augenblick später kommt er mit einem Brief in der Hand wieder zurück.

«Heißen Sie Marguerite Rocher und wohnen Sie in der Rue du Regard? Hier habe ich einen Brief an diese Adresse. Er lag in dem Paket des Photographen und ich sollte ihn nachsenden.»

Sans répondre, Jeanne lui arrache la lettre des mains, déchire l'enveloppe, et lit, hésitante d'abord, puis au galop, comme une pianiste qui s'apprête à déchiffrer une marche funèbre et trouve une chansonnette:

Ma chère Marguerite,
Je viens de gagner un pari de cinq mille francs. Il s'agissait, en bouclant la boucle, de se laisser tomber sur un tapis en caoutchouc de la maison Williams and C^{o}. Nous voici riches! Dans une semaine je serai au Havre. Mais, si tu es libre un de ces soirs, va donc passer une heure – tu comprendras pourquoi après – au cinéma.

Ohne zu antworten nimmt ihm Jeanne den Brief aus der Hand, reißt den Umschlag auf und liest, zunächst zögernd, dann im Galopp, wie eine Klavierspielerin, die einen Trauermarsch vor sich zu haben glaubt und ein fröhliches Lied entdeckt:

Meine liebe Marguerite!
Ich habe soeben eine Wette um fünftausend Franken gewonnen. Ich sollte mich beim Salto auf einen Gummiteppich der Firma Williams & Co. fallen lassen. Jetzt sind wir reiche Leute! In einer Woche treffe ich in Le Havre ein. Wenn Du aber in den nächsten Tagen einen Abend frei hast, so geh doch einmal für ein Stündchen ins Kino – Du wirst dann schon sehen, warum.

Lui, il criait les journaux, le soir. Les camelots l'appelaient Jacques et les sergents de ville le Poulet. Jacques devait être son véritable nom, car il ne répondait guère aux sergents de ville. Son âge ? Il ne le savait point, n'ayant pas eu de parents. Il avait moins de vingt ans, et un an de plus chaque année. Peut-être aurait-il pu apprendre le jour de sa naissance à la Préfecture de Police. Mais il aurait fallu déranger le préfet. Or Jacques savait qu'il a fort à faire, et d'ailleurs il détestait les visites.

Elle, elle vendait des fleurs au coin de la rue Montmartre où, d'un commun accord, on l'avait baptisée Mistinguette. Les marchands des quatre-saisons disaient sans façon Guiguitte; les garçons de café, plus cérémonieux, l'appelaient Miss. Ce Miss britannique lui plaisait. Et elle avait en fait ces yeux bleu-norvège, ces joues rose-saxe, ces cheveux blond-vénitien, tout cet ensemble, en un mot, que l'on nomme chez les femmes l'air anglais.

20 Outre qu'elle était blonde et qu'il était brun,
21 qu'elle était petite et qu'il était grand, un mo-

Guiguitte und Poulet

Er verkaufte abends auf den Straßen Zeitungen. Die fliegenden Händler nannten ihn Jacques und die Polizisten «Poulet», das Hähnchen. Jacques war wohl sein wirklicher Name; denn die Polizisten würdigte er selten einer Antwort. Sein Alter? Da er keine Eltern gehabt hatte, wußte er es selber nicht. Er war noch keine zwanzig Jahre alt, und jedes Jahr kam eines hinzu. Vielleicht hätte er sein Geburtsdatum auf der Polizeipräfektur erfahren. Aber dazu hätte er den Präfekten stören müssen, und Jacques wußte, daß dieser viel zu tun hatte. Außerdem machte er sehr ungern Besuche.

Sie verkaufte Blumen an der Ecke der Rue Montmartre, wo man sie in allgemeiner Übereinstimmung Mistinguette getauft hatte. Die ambulanten Gemüsehändler sagten ohne viel Umstände Guiguitte; die Kellner in den Cafés waren förmlicher und nannten sie Miß. Dieses britische «Miß» gefiel ihr. Und sie hatte auch tatsächlich norweger-blaue Augen, sächsisch-rosa Wangen, venezianisch-blondes Haar – kurz all das, was man bei den Frauen als englisches Aussehen bezeichnet.

Abgesehen davon, daß sie blonde Haare hatte und er dunkle, daß sie klein und er groß war, sollte sie noch

tif puissant devait les attirer l'un vers l'autre: ils étaient tous deux coquets. Elle avait un corsage à empiècement. Il avait une de ces cravates qu'on noue soi-même. Ce qui fait qu'ils s'arrêtaient volontiers aux glaces des devantures, elle pour admirer sa tenue et lui pour contrôler la sienne. C'est dans un de ces miroirs, sur le boulevard, qu'ils s'aperçurent pour la première fois. Leurs reflets leur plurent et, quand ils se regardèrent en face, leurs personnes ne se déplurent pas. Ce jour-là les familles fêtaient la Sainte-Marie et deux nations s'étaient déclaré la guerre, de sorte que toutes les fleurs et tous les journaux étaient vendus. Ils avaient tout le temps d'engager la conversation, et Jacques trouva un prétexte aussi vieux que le monde ou que les compagnies d'omnibus.

– Est-ce que Madeleine-Bastille va passer, Mademoiselle?

– Mais oui, Monsieur, répondit-elle en souraint, le voici.

Il arrivait en effet, se dirigeant au triple galop de son triple attelage vers l'Opéra et la Madeleine. Jacques éprouva soudain une vive répugnance pour ces quartiers de l'ouest.

– J'irai plutôt à la Bastille, décida-t-il.

ein gewichtiger Grund gegenseitig anziehen: sie waren beide eitel. Sie besaß eine Bluse mit Einsatz, er eine Selbstbinder-Krawatte. Deshalb blieben sie gerne vor den Spiegeln der Schaufenster stehen; sie, um ihre Kleidung zu bewundern, er, um die seine zu überprüfen. In einem solchen Spiegel auf dem Boulevard erblickten sie sich zum erstenmal. Ihre Spiegelbilder gefielen ihnen, und als sie sich von Angesicht zu Angesicht in Augenschein nahmen, mißfielen sie sich auch in Wirklichkeit nicht. An diesem Tage feierten die Familien das Fest der Sainte-Marie und zwei Staaten hatten einander den Krieg erklärt, so daß alle Blumen und alle Zeitungen ausverkauft waren. Sie hatten beliebig viel Zeit, ein Gespräch anzuknüpfen, und Jacques fand einen Vorwand, der so alt war wie diese Erde oder zumindestens wie die Pferdebahnunternehmen.

«Kommt die Linie Madeleine–Bastille bald, Mademoiselle?»

«Aber gewiß, Monsieur», erwiderte sie lächelnd, «da ist sie schon.»

Da kam sie tatsächlich und ratterte im dreifachen Galopp ihres Dreiergespanns Richtung Oper und Madeleine. Jacques verspürte plötzlich eine lebhafte Abneigung gegen die westlichen Stadtviertel.

«Ich fahre lieber zur Bastille», beschloß er.

Il gagna aussi quelques minutes qui lui suffirent à assurer l'avenir. Les jeunes gens décidèrent de se revoir le lendemain, et se séparèrent en feignant une hâte telle qu'ils semblaient n'avoir pas un instant à perdre pour arriver à temps au rendez-vous. Au bout d'une semaine, ils étaient les plus grands amis du monde et déjà de fort sérieux amoureux. Elle lui offrit un soir une cravate. Il riposta par une boîte de chocolats. Il aurait préféré lui offrir des fleurs, mais les acheter à elle l'eût peut-être humiliée, et il ne fallait pas favoriser la concurrence en les achetant à une autre. Les bonbons d'ailleurs ne lui coûtaient guère.

Il faut vous dire que Jacques n'était pas seulement vendeur de journaux. Il n'y a pas de sot métier, a-t-on dit. Jacques exerçait le plus intelligent: il était voleur. A sa sortie d'école, il avait à vrai dire cherché une place. Il avait même, devant chacun de ses futurs patrons, feint de ramasser sur le tapis une épingle qu'il tenait préalablement entre le pouce et l'index, pour qu'on remarquât ses qualités d'economie. Mais les temps ont
24 changé depuis le jour où ce geste valut la for-
25 tune à un solliciteur. Jacques aurait pu ramas-

So gewann er einige Minuten, die ihm genügten, um seine Zukunft zu sichern. Die beiden jungen Leute verabredeten sich für den nächsten Tag und trennten sich. Dabei machten sie den Eindruck solcher Eile, als hätten sie keinen Augenblick zu verlieren, um rechtzeitig zum Rendez-vous zu kommen. Nach einer Woche waren sie die besten Freunde und schon ernstlich ineinander verliebt. Sie schenkte ihm eines Abends eine Krawatte. Er antwortete mit einer Schachtel Pralinen. Lieber hätte er ihr ja Blumen geschenkt, aber wenn er sie bei ihr gekauft hätte, wäre sie vielleicht gekränkt gewesen, und die Konkurrenz begünstigen, indem er sie bei einer anderen kaufte, ging auch nicht. Zudem kosteten ihn die Süßigkeiten so gut wie nichts.

Wir müssen nämlich darauf hinweisen, daß Jacques nicht nur Zeitungsverkäufer war. Jedes Handwerk hat güldenen Boden, heißt es. Jacques übte das einträglichste aus: er war Dieb. Am Ende seiner Schulzeit hatte er zwar eine Stellung gesucht. Er hatte sogar bei jedem seiner zukünftigen Chefs so getan, als höbe er eine Nadel vom Teppich auf, die er schon vorher zwischen Daumen und Zeigefinger hielt. So wollte er seine sparsame Natur zeigen. Aber die Zeiten haben sich geändert seit jenen Tagen, als diese Geste dem Stellungsuchenden noch ein Vermögen einbrachte. Jacques hätte ein Brett aus dem Fußboden reißen kön-

ser une planche du parquet sans qu'on y prêtât attention. Aussi, un beau matin, mais cette fois sans ostentation, il ramassa un louis qui traînait. Le lendemain, il ne se baissa plus, le magasin étant vide et le comptoir à sa hauteur. Sa profession était trouvée. Dure profession quand on l'exerce sans conseil et sans ami. Mais Jacques se félicitait maintenant d'avoir fait bande à part. Personne ne pourrait jamais le trahir auprès de Guiguitte. Il allait encore travailler quelques mois, et sa dot serait suffisante pour acheter un petit commerce dans un bon quartier, et s'y reposer tout le reste de sa vie, avec sa gentille petite femme.

Un jour, il décida de faire sa demande. Il avait entraîné son amie jusqu'à la Marne, loué un canot, et ramait pour s'enhardir avec la rage d'un équipier d'Oxford poursuivi par tout le team de Cambridge. Mistinguette, au gouvernail, dirigeait le bateau vers les places ombragées, malgré les regards menaçants des pêcheurs qui, leurs lignes fichées en terre, semblaient surveiller d'inutiles et timides plantations de bambous. C'était un de ces jours où l'on n'éprouve pas d'autre besoin que de

nen, ohne daß es jemandem aufgefallen wäre. So hob er eines schönen Morgens ein herumliegendes Goldstück auf, aber diesmal, ohne sich dabei übermäßig bemerkbar zu machen. Am nächsten Tage bückte er sich schon nicht mehr; denn der Laden war verlassen und der Tisch in seiner Höhe. Er hatte seinen Beruf gefunden; einen harten Beruf, wenn man ihn ohne gute Ratschläge und ohne Freund ausübt. Aber nun war Jacques froh, immer allein gearbeitet zu haben. Nie würde ihn jemand bei Guiguitte verraten können. Jetzt wollte er noch einige Monate weitermachen. Dann würde seine Mitgift groß genug sein, um einen kleinen Laden in einem guten Stadtviertel zu kaufen und dort den Rest seines Lebens mit seiner netten kleinen Frau beschaulich zu genießen.

Eines Tages beschloß er, seinen Antrag vorzubringen. Er hatte seine Freundin an die Marne mitgenommen, ein Ruderboot geliehen und ruderte nun, um sich Mut zu machen, wie ein vom ganzen Cambridge-Team verfolgtes Besatzungsmitglied des Oxford-Achters. Mistinguette saß am Steuer und lenkte das Fahrzeug zu schattigen Plätzchen, ohne sich um die drohenden Blicke der Fischer zu kümmern, die ihre Angeln in den Boden gesteckt hatten und so aussahen, als bewachten sie nutzlose, kümmerliche Bambuspflanzungen. Es war so recht ein Tag, an dem man immer

dire: «Comme le ciel est bleu! Et l'air pur! Et l'eau, comme elle coule !»

– Comme l'herbe est verte, disait Jacques, on en mangerait!

Mais il lâcha soudain les avirons, si subitement que Guiguitte crut à un naufrage, vit en une seconde des écueils, des requins, et poussa un cri.

– Miss, dit-il, veux-tu m'épouser?

Il n'osait se mettre à genoux, car le canot tanguait fortement. Elle souriait, mais d'un sourire qui la rendait plus sérieuse. Les pêcheurs tranquillisés, du geste auguste du semeur, lançaient aux poissons le grain, le son et la mie de pain.

– Poulet, répondit-elle enfin, on verra. Je dis seulement que je ne dis pas non. Si tu veux prendre un petit commerce, dans un bon quartier, j'ai une tante qui me doterait peut-être. On serait tranquille. Poulet, tu achèterais enfin le journal du matin, toi qui ne peux lire que ceux du soir.

Jacques, ému, tendit son cadeau de fiançailles, une petite montre. Elle devait être en
28 or, mais les montres, on ne peut pas les faire
29 tomber pour voir si le métal ne sonne pas faux.

nur sagen möchte: «Wie blau der Himmel ist! Und was für eine reine Luft! Und wie das Wasser fließt!»

«Wie grün das Gras ist», sagte Jacques; «zum Anbeißen!»

Plötzlich aber ließ er die Ruder los, so unerwartet, daß Guiguitte glaubte, es gäbe einen Schiffbruch, daß sie eine Sekunde lang Klippen und Haifische vor sich sah und einen Schrei ausstieß.

«Miß», sagte er, «willst du meine Frau werden?»

Er wagte es nicht, vor ihr auf die Knie zu fallen; denn das Boot schaukelte heftig. Sie lächelte, aber es war ein Lächeln, das sie nur ernster aussehen ließ. Die Angler hatten sich beruhigt und streuten mit der hoheitsvollen Bewegung des Sämanns den Fischen Korn, Kleie und weiches Brot.

«Poulet», gab sie schließlich zur Antwort, «laß uns noch warten. Ich sage nur, daß ich nicht nein sage. Wenn du einen kleinen Laden in einem guten Stadtviertel übernimmst, dann gibt mir vielleicht eine meiner Tanten eine Mitgift. Da hätten wir unsere Ruhe. Du könntest endlich die Morgenzeitung kaufen, wo du jetzt nur die Abendblätter lesen kannst.»

Voller Ergriffenheit überreichte ihr Jacques sein Verlobungsgeschenk, eine kleine Uhr. Bestimmt war sie aus Gold, aber man kann ja die Uhren nicht erst fallen lassen, um zu sehen, ob das Metall echt klingt.

– Comme tu es gentil! remercia Miss. Je désirais tant savoir l'heure, le matin, pour me lever ... Autrefois, la marchande de mouron m'éveillait. Mais elle passe maintenant à huit heures ou à neuf, même à midi... Ce que les serins doivent avoir mauvais estomac dans mon quartier! ... Dis donc! pourquoi prends-tu ma main?

– Je prends ta main, Miss? Ah oui! Oh! pour rien, pour m'occuper.

Comme il sentait une bague imprévue au doigt de son amie, il l'examina à la dérobée. Une turquoise, diable, et des perles!

– Ne te frappe pas, expliqua Miss. C'est la bague de ma tante.

Jacques se demandait s'il n'aurait pas préféré que la fleuriste fût tout à fait pauvre. Et cette tante, que venait-elle faire là où on ne la réclamait guère?

– Tu n'as pas de père ou de mère, au moins?

Il ne fut rassuré que quand elle eut répondu.

– Je n'ai que toi, Poussin.

Le lendemain était un dimanche. Jacques
30 étrennait un chapeau de paille. Une averse
31 naturellement se mit à tomber. Comme il

«Wie nett von dir!» bedankte sich Miß. «Ich habe mir schon immer gewünscht, zu wissen, wie spät es ist, wenn ich morgens aufstehe... Früher weckte mich die Händlerin mit den Vogelmieren. Aber jetzt kommt sie immer erst um acht oder neun Uhr vorbei, manchmal sogar erst um zwölf... Was müssen die Kanarienvögel in meinem Viertel für empfindliche Mägen haben!... Hör mal! Warum nimmst du denn meine Hand?»

«Ich nehme deine Hand, Miß? Ach so, ja. Ich weiß nicht, nur so aus Zeitvertreib.»

Da er unerwartet einen Ring am Finger seiner Freundin fühlte, besah er sich ihn unauffällig. Donnerwetter! Ein Türkis, und mit Perlen!

«Reg dich nicht auf», erklärte Miß, «der Ring gehört meiner Tante.»

Jacques überlegte, ob er es nicht lieber gesehen hätte, wenn das Blumenmädchen wirklich ganz arm gewesen wäre. Und was hatte diese Tante dabei zu suchen, auf die er gar keinen Wert legte?

«Du hast doch jedenfalls keine Eltern mehr?»

Er war erst beruhigt, als er ihre Antwort gehört hatte.

«Ich habe nur dich, Liebster.»

Der folgende Tag war ein Sonntag. Jacques weihte einen neuen Strohhut ein, und natürlich kam ein Wolkenbruch vom Himmel. Da er ohne Regenschirm un-

était sorti sans parapluie, il en prit un à une devanture. Quelqu'un s'aperçut du larçin. Jacques essaya bien de transiger, d'expliquer au vendeur que, s'il portait plainte, l'objet volé serait confisqué jusqu'au jugement, peut-être jusqu'à l'hiver. Mais les Français ne comprennent pas le commerce. Ils font du sentiment. Ils préfèrent se venger et immobiliser six francs quatre-vingt-dix. On conduisit Jacques au poste.

Comme il entrait dans la salle réservée à ses collègues, dignement, malgré le canotier qui ruisselait, une jeune fille se précipita vers lui. C'était Mistinguette.

– Jacques, dit-elle, pardonne-moi! J'espérais tant que tu n'en saurais rien! Cette maudite bague! Je t'assure que c'est bien la première et la dernière fois!

Il avait compris. Miss était voleuse, comme lui. A apprendre cela, il éprouva le besoin de fermer les yeux, de battre quelqu'un, de crier très fort. Les gens riches, qui ont tout appris, appellent cela de la déception. Il préféra en finir tout de suite.

32 – Je ne suis pas ici en visite. C'est aussi bien
33 chez moi que chez toi. Il pleuvait. J'ai voulu

terwegs war, nahm er sich einen von einer Auslage. Aber irgend jemand bemerkte den kleinen Diebstahl. Jacques versuchte zwar zu verhandeln und dem Verkäufer klarzumachen, daß der gestohlene Gegenstand, falls er Anzeige erstattete, bis zur Urteilsverkündung und damit vielleicht bis zum Winter beschlagnahmt bliebe. Aber die Franzosen sind keine Geschäftsleute. Sie lassen sich von Gefühlen leiten. Lieber rächen sie sich und machen sechs Franken neunzig zu totem Kapital. Jacques wurde zur Wache abgeführt.

Als er, ungeachtet des durchnäßten Strohhutes voller Würde, den für seinesgleichen bestimmten Saal betrat, stürzte ihm ein junges Mädchen entgegen. Es war Mistinguette.

«Jacques», rief sie, «verzeih mir! Ich hatte so gehofft, du würdest nichts davon erfahren! Dieser verwünschte Ring! Ich verspreche dir, es war wirklich das erste und letzte Mal!»

Er hatte verstanden. Miß war eine Diebin, genau wie er. Als ihm das klar wurde, hätte er am liebsten die Augen zugemacht, irgend jemanden geprügelt oder laut geschrien. Die reichen Leute, die ja alles wissen, nennen das «Enttäuschung». Er zog es vor, gleich Schluß zu machen.

«Ich bin nicht auf Besuch hier. Mit mir ist dasselbe wie mit dir. Es hat geregnet, und da habe ich ohne viel

emprunter sans façon un parapluie. Le boutiquier a dû avoir peur qu'il se mouille. Il m'a fait courir après.

Elle le regarda, décontenancée. Elle éprouvait le besoin de faire des reproches à Jacques, de ne pas le voir, de ne pas penser. Les gens pauvres, qui ne savent rien, appellent cela l'envie de pleurer.

Tous deux ne savaient quoi se dire. Ils étaient honteux de s'être trompés mutuellement, furieux d'être découverts. L'idée que quelques mois de prison allaient les éloigner l'un de l'autre ne leur était point désagréable. Miss s'assit à l'écart. Dans la lumière crue de la chambre passée au plâtre, Jacques lui parut trop brun, trop sans-gêne. Elle n'avait pas remarqué non plus que ses chaussettes retombaient sur ses bottines.

Lui sifflotait. Il avait les mains dans ses poches. Ça le changeait. Sous prétexte de lire les affiches et de connaître les règlements exacts du vol, il se rapprochait insensiblement d'une jeune voleuse qui venait d'entrer, qui n'avait pas l'air anglais, et qui, sans
34 fausse modestie, plaisantait avec l'agent de
35 service.

Umstände einen Regenschirm ausleihen wollen. Der Besitzer des Ladens hatte wohl Angst, er könnte naß werden. Er hat jemanden hinter mir hergeschickt.»

Völlig fassungslos blickte sie ihn an. Sie verspürte das Bedürfnis, ihm Vorwürfe zu machen, ihn nicht mehr zu sehen, überhaupt an nichts mehr zu denken. Die armen Leute, die ja nichts wissen, nennen das: «am liebsten weinen mögen».

Sie wußten beide nicht, was sie sagen sollten. Sie schämten sich, daß sie sich gegenseitig betrogen hatten, und waren wütend, daß sie dabei erwischt worden waren. Die Vorstellung, jetzt durch einige Monate Gefängniszeit voneinander getrennt zu werden, war ihnen gar nicht so unangenehm. Miß setzte sich abseits in einen Winkel. Jacques sah ihr im grellen Licht des frischgekalkten Raumes zu braun aus, zu herausfordernd. Sie hatte auch nicht bemerkt, daß ihm die Socken über seine Stiefel hinabhingen.

Er pfiff sich eins und vergrub die Hände in den Hosentaschen. Das machte ihm wieder Mut. Er tat so, als wolle er die Anschläge lesen und die genauen Vorschriften für Diebstähle kennenlernen. Dabei näherte er sich unmerklich einer soeben eingetroffenen jungen Diebin, die kein englisches Aussehen hatte und ohne falsche Bescheidenheit mit dem diensthabenden Polizisten anbändelte.

L'Homme qui s'est vendu

Scène: Celle de la Cour d'Assises.
Personnages: Ceux de la Cour d'Assises.

Le Président. – Accusé, votre nom.

L'Accusé. – Je me recommande à l'indulgence du jury. *(Avec embarras.)* Je m'appelle du nom de l'évêque qui fit condamner Jeanne d'Arc et la fit brûler sur le bûcher, l'ignoble canaille, vers 1428.

Le Président. – Vous n'êtes pas ici devant un jury de baccalauréat. Taisez-vous. Votre nom?

L'Accusé. – Eh bien! puisque mon président insiste, je jure de dire la vérité, et toute la vérité. *(Hésitant.)* Je m'appelle Port avec un «t». Mon prénom ... c'est celui d'un souverain qui, pour appartenir à la nation qui brûla Jeanne d'Arc, n'en est pas moins ...

Le Président, l'interrompant. – Accu ...

L'Accusé, vivement. – Edouard, mon président, je m'appelle Edouard.

Le Président. – Vous avez tué, à coups de

Der Mann, der sich selbst verkaufte

Ort der Handlung: vor dem Schwurgericht.
Personen der Handlung: die zu einem Schwurgericht gehörigen.

Vorsitzender: Wie heißen Sie, Angeklagter?
Angeklagter: Ich empfehle mich der Nachsicht des Gerichtshofs. *(Verwirrt:)* Ich heiße wie der Bischof, dieser verruchte Schuft, der Jeanne d'Arc verurteilen und um das Jahr 1428 auf dem Scheiterhaufen verbrennen ließ.
Vorsitzender: Sie stehen hier nicht vor einer Prüfungskommission beim Abitur. Schweigen Sie. Wie heißen Sie also?
Angeklagter: Ja, wenn der Herr Vorsitzende es unbedingt wünschen, so schwöre ich, die Wahrheit zu sagen und nichts als die Wahrheit. *(Zögernd:)* Ich heiße Port mit «t». Mein Vorname ... ist der eines Herrschers, welcher zwar der Nation angehörte, die Jeanne d'Arc verbrannte, aber trotzdem ...
Vorsitzender, unterbricht ihn: Ange ...
Angeklagter, lebhaft: Eduard, Herr Vorsitzender, ich heiße Eduard.
Vorsitzender: Sie haben durch mehrere Messerstiche

couteau, le directeur des docks de Californie, non sans avoir eu vous-même un bras cassé dans la bagarre. Qu'avez-vous à dire?

L'Accusé, sec. – La victime était en état de légitime défense.

Le Président, sévère. – Si le badinage messied en quelque lieu, c'est bien au front de l'assassin qui va être condamné à mort. Je vous interdis jusqu'au verdict toute plaisanterie et toute allusion à Jeanne d'Arc.

L'Accusé. – Alors, je jure de me taire, de taire la vérité, et rien que la ...

Le Président. – Je vous retire la parole, et je la donne au ministère public.

Le Ministère public. – Oh! Permettez, monsieur le Président, ce n'est pas la même. Ma parole, à moi, ce sont les veuves, les orphelins, le jury, tous ceux, en un mot, qui sont susceptibles ce soir de tomber sous le couteau, qui me la donnent, et elle sera brève: il ne faut toucher qu'avec des gants ceux qui portent menottes. Cet individu a tué, vous le tuerez! Vous le guillotinerez, jusqu'à ce que mort s'ensuive! Notre société sait être juste quand
38 il s'agit d'un va-nu-pieds.

39 *La Défense, bondissant.* – Je crois qu'on in-

den Direktor der California-Lagerhausgesellschaft getötet und sich bei dem dabei entstandenen Handgemenge selbst einen Armbruch zugezogen. Was haben Sie dazu zu sagen?

Angeklagter, trocken: Das Opfer handelte in Notwehr.

Vorsitzender, mit Strenge: Wenn irgendwo das Witzemachen fehl am Platze ist, so ganz bestimmt bei einem Mörder, der seinem Todesurteil entgegensieht. Bis zur Urteilsverkündung verbiete ich Ihnen jede unpassende Bemerkung und jede Anspielung auf Jeanne d'Arc.

Angeklagter: Ich schwöre also, zu schweigen, die ganze Wahrheit zu verschweigen und nichts als die ...

Vorsitzender: Ich entziehe Ihnen das Wort und übergebe es dem Vertreter der Anklage.

Staatsanwalt: Aber ich bitte Sie, Herr Vorsitzender, das ist doch nicht dasselbe! Mein Wort, das mir zu sprechen hier aufgegeben ist, spreche ich im Namen der Witwen, der Waisen, der Geschworenen, kurz aller, die Gefahr laufen, noch heute Abend den Tod durch das Messer zu finden. Ich werde mich kurz fassen: Leute, die Handschellen tragen, sollte man mit Handschuhen anfassen. Dieses Individuum hat getötet, also werden Sie es töten. Sie werden es köpfen, bis daß der Tod eintritt. Unsere Gesellschaft weiß Gerechtigkeit zu üben, wenn es um einen Habenichts geht.

Verteidiger, springt auf: Ich habe den Eindruck, man

sulte mon client. Cela, je ne peux le permettre.

Le Ministère public, énergique. – Je maintiens le mot: individu.

La Défense. – D'ailleurs, monsieur le Président, il ne s'agit pas ici de mots. J'admets parfaitement, et Edouard Port ne le contestera pas, qu'il est le plus sinistre des gredins. Mais il y a des circonstances atténuantes, même pour les coupables! Mon client n'a pas cherché à fuir la responsabilité de son crime, à le rendre en quelque sorte anonyme, en se mettant, pour le perpétrer, en costume d'Adam. Non, messieurs les jurés! Il avait des sabots, il avait un pardessus qui, à lui seul, pesait cinq kilos cinq cents, et voilà, aux pièces à conviction, sa chemise et son gilet de laine. Vous diminuerez donc au moins de sa peine la condamnation que lui aurait value le fait de se promener sans vêtements. Assassin? Eh bien! oui; le plus sinistre des assassins? Eh bien! soit; mais, grâce à Dieu, pas satyre!

L'Accusé, ému. – Merci, mon avocat, merci. Si Jeanne d'Arc avait été défendue par vous,
40 il n'y aurait pas tant d'Anglais à Paris!
41 *Le Président.* – Taisez-vous!

beleidigt meinen Mandanten. Das kann ich nicht zulassen.
Staatsanwalt, mit Nachdruck: Ich stehe zu meinem Wort: Individuum.
Verteidiger: Es geht hier überhaupt nicht um Worte, Herr Vorsitzender. Ich will gerne einräumen, und Eduard Port wird mir darin nicht widersprechen, daß er der finsterste aller Verbrecher ist. Aber selbst für einen Schuldigen gibt es mildernde Umstände! Mein Mandant hat nicht versucht, sich der Verantwortung für sein Verbrechen zu entziehen, es irgendwie anonym zu begehen; denn er hat es nicht im Adamskostüm ausgeführt. Nein, meine Herren Geschworenen! Er trug Stiefel, er trug einen Mantel, der allein fünf Kilo und fünfhundert Gramm wog, und dort, bei den Beweisstücken, sehen Sie sein Hemd und seine wollene Weste. Sie werden also zumindestens sein Strafmaß um die Strafe herabsetzen müssen, die ihm das unbekleidete Auftreten in der Öffentlichkeit eingebracht hätte. Mörder? Gut, meinetwegen! Der verruchteste aller Mörder? Auch das! Aber Gott sei Dank kein Unhold!
Angeklagter, ergriffen: Danke, Herr Verteidiger, besten Dank. Hätten Sie Jeanne d'Arc verteidigt, dann gäbe es nicht so viele Engländer in Paris!
Vorsitzender: Schweigen Sie!

L'Accusé. – Je me tais, mais c'est pour demander la parole. Mesdames, Messieurs. *(Il tousse.)* Je vous prie d'excuser l'émotion inséparable d'un début. C'est la première fois que j'ai l'honneur de parler en public. Je demande donc, si je ne trouve pas mes mots, la permission de m'interrompre. D'ailleurs, malgré l'automne, l'air est chargé de cette chaleur électrique qui fait les orateurs. Je tremble mais ce n'est pas de froid, c'est de peur.

Mon histoire se résume en un mot : je suis l'homme qui s'est vendu.

Je m'aperçus, la veille du dernier des vingt-six termes que je n'avais pas payés, que ma poche était vide. Je n'en fus pas autrement surpris, car cela m'était déjà arrivé, et, toute ma vie, j'ai toujours eu cinq sous de moins que le Juif errant. Mais le Français est né prévoyant. Je voulus prévoir. Ayant lu dans un journal que certains magasins américains avaient acheté en toute propriété des hommes-sandwiches, j'allai me proposer à feu le directeur des docks de Californie. Il accepta et je me vendis pour mille francs.

Angeklagter: Ich schweige und benutze die Gelegenheit, ums Wort zu bitten. Meine Damen und Herren! *(Er hüstelt.)* Bitte entschuldigen Sie die Erregung, wie sie nun einmal mit dem ersten Auftreten verbunden ist. Zum ersten Mal habe ich die Ehre, in der Öffentlichkeit zu sprechen. Ich bitte Sie deshalb um Ihr Einverständnis, daß ich mich unterbrechen darf, wenn mir die Worte fehlen. Aber die Luft ist ja trotz der herbstlichen Jahreszeit von jener elektrischen Hitze erfüllt, die den Menschen zum Redner macht. Ich zittere; aber nicht vor Kälte, sondern vor Angst.

Meine Geschichte läßt sich in einem Wort zusammenfassen: Ich bin der Mann, der sich verkauft hat.

Am Vorabend des letzten von sechsundzwanzig unbezahlten Mietemonaten stellte ich fest, daß meine Taschen leer waren. Das überraschte mich nicht weiter, weil mir so etwas schon öfter passiert war und ich mein Leben lang immer fünf Sous weniger besessen habe als der Ewige Jude. Aber der Franzose ist von Natur aus vorsorglich. Auch ich wollte vorsorgen. Da ich in einer Zeitung gelesen hatte, daß gewisse amerikanische Warenhäuser Plakatträger als ihr festes Eigentum gekauft hatten, ging ich zu dem verstorbenen Direktor der California-Lagerhausgesellschaft und bot mich ihm an. Er war einverstanden, und ich verkaufte mich zum Preise von tausend Franken.

Ne vous vendez jamais, Mesdames et Messieurs. Ma première impression fut telle que je demandai un jour de vacances et, triste, je m'en fus faire un dernier tour sur les boulevards. «Promène-toi; tu promènes un autre.» Il me semblait, en effet, que j'étais deux; nous prîmes quelques paires d'absinthes et, au retour, je m'attardai aux becs de gaz pour voir mon ombre qui s'allongeait sur le trottoir à perte de vue; je la raccourcissais, l'élargissais, en tournant autour du bec. Des agents voulurent m'en chasser, mais j'avais bien le droit de m'amuser avec mon ombre; je ne l'avais pas vendue.

Au bout de huit jours, d'ailleurs, ça n'allait plus. Feu le directeur émit la prétention de m'affecter au cirage des parquets, puis à l'ascenseur. Je lui dis son fait: «Patron, lui dis-je, il y a erreur: il fallait me regarder avant de m'acheter. Si j'avais voulu travailler, je ne me serais pas vendu, aliénant ainsi mon capital. Il s'agit de distinguer: je ne suis pas un ouvrier, un homme de peine; je suis un homme de luxe. On ne fait pas travailler
44 sa levrette. Mettez-moi un paletot à vos ini-
45 tiales. C'est tout ce que je puis pour votre

Verkaufen Sie sich nie, meine Damen und Herren. Mein erster Eindruck war so schrecklich, daß ich einen Tag Urlaub erbat und einen letzten, traurigen Spaziergang über die Boulevards machte. «Geh nur spazieren, du führst ja doch einen anderen spazieren.» Es schien mir tatsächlich, als sei ich zweimal da; wir tranken mehrere Paar Absinth und auf dem Rückweg blieb ich bei den Gaslaternen stehen, um meinen Schatten zu betrachten, der sich auf dem Gehweg ins Unendliche verlängerte. Ich ging um die Laterne herum und ließ ihn dabei zusammenschrumpfen und wieder wachsen. Ein paar Schutzleute wollten mich dort wegjagen, aber ich hatte schließlich das Recht, mit meinem Schatten zu spielen. Den hatte ich ja nicht verkauft.

Nach acht Tagen ging es überhaupt nicht mehr. Der verstorbene Herr Direktor ging in seinen Forderungen so weit, daß er mich zum Parkettbohnern und zur Fahrstuhlbedienung anstellte. Daraufhin erklärte ich ihm die Sache: «Chef», sagte ich zu ihm, «hier liegt ein Irrtum vor. Sie hätten mich genauer betrachten sollen, bevor Sie mich kauften. Hätte ich arbeiten wollen, so hätte ich mich nicht verkauft und damit mein Kapital veräußert. Sie müssen beachten: Ich bin kein Arbeiter, kein Mann, der sich die Hände schmutzig macht. Ich bin ein Luxusgeschöpf. Wer einen Windhund hat, läßt ihn auch nicht arbeiten. Ziehen Sie mir einen

service.» Le patron riait de toutes ses dents, c'est-à-dire jaune; et, désormais, au lieu de me bourrer les côtes en m'appelant: «Eh bien! fils d'esclave!» ou: «Comment va, mon vieux vendu?» il soulevait son chapeau à mon approche. C'était ridicule.

Par surcroît, il y eut l'histoire d'Adèle. Adèle, vous l'avez déjà deviné, est une femme, mais son nom n'exprime que bien faiblement sa capiteuse beauté. Je l'aimais, elle m'aimait. Elle était mon bijou, et j'étais sa joie. Nous étions ensemble comme les deux doigts de la main. Quand j'étais en pourparlers pour me céder, elle sut m'exhorter comme savent le faire les perfides créatures. «Jamais une femme, protestait-elle, n'abandonnera un homme qui se sacrifie de la sorte. Vois Joseph, vendu par ses frères. Des reines lui tendirent la main. Et ne te cède pas à moins de mille francs. Tu es une occasion.» Mais quand j'eus endossé la veste de la servitude, ce fut une autre paire de manches. Le huitème jour, messieurs les jurés, elle me servit à souper une omelette brûlée. Le neuvième, elle avait disparu avec les neuf cents francs qui me restaient.

Mantel mit Ihren Initialen an. Das ist alles, was ich für Sie tun kann.» Der Chef lachte aus vollem Herzen, das heißt ingrimmig, und von da an stieß er mich nicht mehr in die Seite und sagte: «Na, Sklavensöhnchen?» oder «Wie geht's, alter Selbstverkäufer?» Jetzt zog er den Hut, wenn er mich traf. Das war lächerlich.

Hinzu kam noch die Geschichte mit Adele. Adele ist, wie Sie schon erraten haben werden, eine Frau. Aber ihr Name gibt nur einen schwachen Eindruck von ihrer hinreißenden Schönheit. Ich liebte sie, sie liebte mich. Sie war mein Edelstein, ich ihre ganze Freude. Wir paßten zueinander wie zwei Finger einer Hand. Als ich die ersten Schritte unternahm, um mich zu verkaufen, redete sie mir noch zu, wie diese gemeinen Geschöpfe das so gut können. «Keine Frau», rief sie aus, «wird je einen Mann verlassen, der solch ein Opfer auf sich nimmt. Denke doch nur an Joseph, den seine Brüder verkauften. Königinnen reichten ihm die Hand. Und verkauf dich ja nicht unter tausend Franken. Du bist ein Gelegenheitsangebot.» Als ich aber erst einmal das Joch der Knechtschaft auf mich genommen hatte, da sah die Sache anders aus. Am achten Tag, meine Herren Geschworenen, brachte sie zum Abendessen ein angebranntes Omelett auf den Tisch. Und am neunten Tage war sie mitsamt den noch übrigen neunhundert Franken verschwunden.

Je décidai donc, pour me redorer, de vendre mon corps à l'Institut anatomique. La Science, d'ailleurs, c'est mon fait. J'ai fait le premier radium qu'on ait exposé, et j'ai ouvert les portières, trois ans de suite, au Congrès international des Sociétés savantes, des chics types qui viennent à l'Académie pour apprendre le français.

On me proposa cent cinquante francs, moyennant quoi j'autorisais le docteur X..., inventeur des rayons Z..., à faire, après ma mort, des expériences sur la plante de mes pieds. Je ne suis pas chatouilleux. Je signai.

Mais, dès le lendemain, je reçois une lettre anonyme de mon patron, où il m'annonce qu'il ne supporte pas plus longtemps que je m'amuse à me vendre pour me payer sa tête. Je bondis dans son antichambre. Il refuse de me recevoir.

Je bondis ainsi quinze jours de suite. En
vain. Alors, messieurs les jurés, je devins irre-
sponsable, et je me décidai à vider dans le
sang notre querelle. J'achetai chez un anti-
quaire de mes amis le couteau avec lequel
48 Jeanne d'Arc fit passer à Marat le goût du
49 bain; j'attendis jusqu'à cinq heures de l'après-

Daraufhin beschloß ich, meinen Körper dem Anatomischen Institut zu verkaufen, um wieder zu Geld zu kommen. Die Wissenschaft ist überhaupt mein Fall. Die erste ausgestellte Durchleuchtung stammte von mir, und drei Jahre nacheinander habe ich auf dem Internationalen Kongreß der Wissenschaftlichen Gesellschaften die Türen aufgemacht. Das sind feine Leute, die auf die Akademie gehen, um französisch zu lernen.

Man bot mir einhundertfünfzig Franken. Dafür sollte ich Dr. X., dem Entdecker der Z-Strahlen, erlauben, nach meinem Tode Experimente an meinen Fußsohlen durchzuführen. Ich bin nicht kitzlig und habe unterschrieben.

Aber schon am nächsten Morgen erhalte ich einen anonymen Brief von meinem Chef: er werde nicht länger dulden, daß ich mich hinter seinem Rücken lustig weiterverkaufe. Ich stürze in sein Vorzimmer, aber er weigert sich, mich zu empfangen.

Vierzehn Tage lang lief ich immer wieder zu ihm. Vergebens. Da, meine Herren Geschworenen, verlor ich die Gewalt über mich und beschloß, unseren Streit in Blut zu ertränken. Bei einem befreundeten Antiquar kaufte ich das Messer, mit dem Jeanne d'Arc einst Marat die Lust am Bade ausgetrieben hat. Ich wartete bis fünf Uhr nachmittags, weil ich wußte, daß der

midi, car je savais que le patron n'aimait pas être dérangé pendant sa digestion; le reste appartient au domaine de l'histoire. On a reconstitué devant vous la scène et la victime.

Telle est, messieurs les jurés, l'odyssée de l'homme qui s'est vendu. C'est à vous, maintenant, qu'il appartient. *(Gracieux.)* Ceci n'est pas une menace. Je voudrais simplement faire une ultime remarque: si vous me condamnez à mort, il ne manquera pas d'envieux pour vous prétendre soudoyés par l'Institut anatomique.

Chef bei seiner Verdauung nicht gestört zu werden wünschte. Was dann geschah, gehört der Geschichte an. Man hat Ihnen ja die Tat und das Opfer noch einmal vorgeführt.

Das, meine Herren Geschworenen, ist die Odyssee des Mannes, der sich verkauft hat. Jetzt gehört er Ihnen. *(Betont freundlich:)* Das soll keine Drohung sein, aber ich möchte mir noch einen letzten Hinweis erlauben: Sollten Sie mich zum Tode verurteilen, so wird es nicht an mißgünstigen Leuten fehlen, die behaupten werden, Sie seien vom Anatomischen Institut bestochen.

La Lettre Anonyme

Le 15 février, M. Lenard trouva dans son courrier matutinal une carte-lettre. Il en examina la date pour prendre en défaut le lieu d'expédition, pour accuser les compagnies de chemins de fer, et les signatures pour critiquer ses amis, et il fut déçu. La lettre était anonyme, et rien ne la situait, ni dans le temps ni dans l'espace.

«Monsieur Lenard, y disait-on seulement, Madame votre épouse vous trompe. Vous êtes maintenant le seul à l'ignorer. Faites un signe, un signe unique, et un ami fidèle vous renseignera.»

M. Lenard lut ces mots avec les apparences de l'indifférence la plus profonde. Ce n'était pas cependant qu'il fût un mari complaisant ou crédule, ou assez dissimulé pour attendre longtemps une terrible vengeance. Il était tout simplement célibataire. Aucune femme n'était passée à son horizon, ou en tout cas, elle y était passée si vite qu'il n'avait même pas eu, comme pour les étoiles filantes, le temps de faire un voeu. Il déchira donc le billet en

Der anonyme Brief

Am 15. Februar fand Herr Lenard eine Briefkarte in seiner Morgenpost. Er suchte das Datum, um das Postamt des Abgangsortes und die Eisenbahngesellschaften anzuklagen, und die Unterschriften, um seine Freunde zu rügen, aber er wurde enttäuscht. Der Brief war anonym und ließ sich durch nichts einordnen, weder zeitlich noch räumlich.

Es stand dort nur folgendes zu lesen: «Monsieur Lenard! Ihre Frau Gemahlin betrügt Sie. Sie sind der einzige, der es noch nicht gemerkt hat. Geben Sie ein Zeichen, ein einziges Zeichen, und ein treuer Freund wird Ihnen Auskunft geben.»

Herr Lenard las diese Worte mit dem Ausdruck größter Gleichgültigkeit. Nicht, daß er ein langmütiger oder gutgläubiger Ehemann gewesen wäre, oder verschlagen genug, um lange eine schreckliche Rache vorzubereiten. Er war ganz einfach Junggeselle. Keine Frau war je in seinem Gesichtskreis aufgetaucht, oder höchstens so flüchtig, daß er nicht einmal wie bei einer Sternschnuppe Zeit gefunden hatte, einen Wunsch auszusprechen. Deshalb zerriß er, wie der starke

morceaux de plus en plus petits, comme l'athlète déchireur de cartes.

Or le mois suivant, à la même date, toujours anonyme, la lettre revint.

«Monsieur Lenard, répétait-elle, celle qui a l'honneur de porter votre nom, Mme Lenard, vous trompe indignement, vous restez toujours le seul à l'ignorer. Soyez courageux. Faites-nous un signe, un unique signe.»

M. Lenard déchira le billet, mais plus lentement. Il en ramassa même les morceaux pour reconstituer la phrase exacte. N'ayant jamais reçu, n'ayant jamais écrit de lettres anonymes, il ne professait pas pour elles trop de mépris. Etre pris pour un monsieur trompé est chose désagréable pour un mari, mais cela ne manque pas, pour un célibataire, d'un certain charme. M. Lenard était flatté, non pas de la méprise, mais de l'intrusion du mystère dans sa vie. Il lui semblait recevoir la visite d'une personne non seulement inconnue, mais voilée. Le mois suivant, quand la lettre eut reparu, il eût fait volontiers le signe,
54 l'unique signe. Mais on ne disait pas lequel.
55 Il se sentait pris de quelque sympathie pour le

Mann auf dem Jahrmarkt, das Schreiben in immer kleinere Stücke.

Aber im folgenden Monat kam, weiterhin anonym, der Brief am gleichen Tage.

«Monsieur Lenard», stand dort wiederum, «die Frau, welche die Ehre hat, Ihren Namen zu tragen, betrügt Sie in der unwürdigsten Weise, und Sie sind nach wie vor der einzige, der es nicht merkt. Fassen Sie Mut. Geben Sie uns ein Zeichen, ein einziges Zeichen.»

Herr Lenard zerriß das Schreiben, aber diesmal langsamer. Er sammelte die Stücke sogar wieder auf, um den Satz noch einmal richtig zusammenzustellen. Da er nie anonyme Briefe empfangen oder geschrieben hatte, brachte er nicht allzuviel Verachtung dafür auf. Für einen Ehemann mag es unangenehm sein, als betrogener Gatte zu gelten. Für einen Junggesellen hingegen entbehrt es nicht eines gewissen Reizes. Herr Lenard fühlte sich geschmeichelt, nicht wegen des Irrtums, sondern durch den Eintritt des Geheimnisvollen in sein Leben. Es schien ihm, als empfinge er den Besuch einer nicht nur unbekannten, sondern auch verschleierten Person. Als im darauffolgenden Monat der Brief wieder eintraf, hätte er gerne das Zeichen, das eine einzige Zeichen gegeben. Aber es stand ja nicht da, welches. Seine ersten Regungen nahmen

mari avec lequel la charité publique, évidemment, le confondait. Le soir, quand le soleil étalé dorait jusqu'à la coupole des Invalides, alors qu'il aurait dit autrefois: «Le beau temps !», il se surprenait à penser : «Le pauvre homme!» Et lui qui se promenait toujours les yeux dirigés vers le trottoir, sans avoir jamais, du reste, la chance de trouver quelque pièce de cinquante centimes, il se surprit à regarder une femme.

C'était un jour de pluie, dans un omnibus. Il était à l'intérieur, et lui offrit sa place, décidé surtout, à vrai dire, par le fait qu'il descendait au prochain arrêt. Elle eut un sourire si reconnaissant qu'il resta quelques minutes de plus sur la plate-forme pour ne pas rabaisser la valeur du service rendu, et qu'il dut regagner sa maison à travers des plaques de boue.

Vingt ans de solitude n'avaient pu faire sentir à M. Lenard qu'il était isolé. Après cette rencontre d'une demi-minute, il se sentit abandonné. Sa chambre elle-même lui semblait faite pour un autre que pour lui; les accoudoirs des fenêtres étaient trop larges; il ne se voyait que jusqu'au col dans l'armoire à

allmählich eine andere Richtung. Er fühlte eine gewisse Zuneigung zu dem Ehemann in sich aufsteigen, mit dem ihn das öffentliche Mitleid offenbar verwechselte. Früher hatte er, wenn abends die breit fallenden Sonnenstrahlen sogar die Kuppel des Invalidendoms vergoldeten, wohl gesagt: «Was für ein schönes Wetter!» Jetzt ertappte er sich bei dem Gedanken: «Der arme Mann!» Und er, der stets mit zu Boden gerichtetem Blick einherging, ohne übrigens je das Glück zu haben, ein Fünfzigcentimes-Stück zu finden – er ertappte sich dabei, wie er eine Frau betrachtete.

Es geschah an einem Regentag im Omnibus. Er saß im Inneren des Wagens und bot ihr seinen Platz an. Ehrlich gesagt vor allem deswegen, weil er bei der nächsten Haltestelle ausstieg. Sie lächelte ihn so dankbar an, daß er mehrere Minuten länger auf der Plattform stehen blieb, um seine Gefälligkeit nicht im Wert herabzusetzen. So mußte er durch schlammige Pfützen nach Hause gehen.

In zwanzig Jahren Einsamkeit hatte Herr Lenard nicht gemerkt, daß er allein auf der Welt war. Aber nach dieser Begegnung von einer halben Minute fühlte er sich verlassen. Sogar sein Zimmer schien ihm für einen anderen bestimmt; die Fensterbretter waren zu breit; im Schrankspiegel sah er sich nur bis zu Kragenhöhe, und wenn er sich den Schlips band, glaubte

glace, et il lui semblait, en attachant sa cravate, faire la toilette à un décapité. La clarté de sa lampe était trop large; son feu trop étroit. Parfois, à voir passer une jolie femme qu'il ne devait jamais connaître, dont son cœur portait déjà le deuil, il la saluait comme on salue un enterrement. L'une lui répondait d'ailleurs aussi rarement que l'autre.

Les grands changements de la vie, s'ils viennent quelquefois au moment où on les désire le plus, arrivent cependant sans qu'on s'en aperçoive, comme le sommeil. M. Lenard se trouva un beau jour fiancé à Jenny qui était modiste.

Jenny s'appelait en réalité Eugénie. Mais la Parisienne préfère quelquefois le nom de l'ouvrière à celui de l'impératrice. Jenny était bien de sa personne, et cela lui suffisait, celle des autres l'intéressant peu. Elle avait de grosses joues et un menton très fin, des jambes en échasse et de forts mollets, était à la fois, si l'on veut, une fausse maigre et une fausse grasse. M. Lenard lui plut-il ? Elle ne se posa pas la question, et M. Lenard ne se la posa pas non plus.

58 C'est à Vincennes, sa paroisse, que fut
59 célébré le mariage. Il fut accidenté. Un cheval

er einen Enthaupteten zu bekleiden. Seine Lampe war ihm zu hell, sein Ofen zu klein. Wenn er zuweilen einer schönen Frau begegnete, die er nie kennenlernen würde, so trauerte sein Herz schon um sie, und er grüßte sie wie einen Leichenzug. Sein Gruß wurde übrigens selten erwidert, weder von der ersteren noch vom letzteren.

Die großen Veränderungen im Leben kommen zwar manchmal gerade dann, wenn man sie am meisten herbeisehnt, aber sie kommen immer unbemerkt, wie der Schlaf. Eines schönen Tages war Herr Lenard mit der Modistin Jenny verlobt.

Jenny hieß in Wirklichkeit Eugénie. Aber die Pariserinnen ziehen manchmal den Namen der Arbeiterin dem der Kaiserin vor. Jenny fühle sich wohl in ihrer Haut, und das genügte ihr; ob andere Leute es auch taten, interessierte sie nicht weiter. Sie hatte Pausbacken und ein schmales Kinn, lange Beine und kräftige Waden. Sie war, wenn man so will, weder richtig schlank noch richtig dick. Ob Herr Lenard ihr gefiel? Diese Frage stellte sie sich gar nicht, und Herr Lenard auch nicht.

In Vincennes, ihrer Gemeinde, fand die Trauung statt, die nicht ohne Zwischenfälle ablief. Ein durch-

échappé traversa la route juste devant les voitures du cortège. Un lièvre seul, dit-on, porte malheur. Le landau des mariés versa. Les badauds et les sergents de ville, habitués aux noces travesties pour cinématographe, crurent qu'il s'aggissait d'un film comique, et se gardaient bien d'intervenir. On s'attendait presque à les voir sortir de leur voiture, comme dans l'histoire du mitron et du charbonnier, elle tout en noir, lui tout en blanc. Triste présage, au seuil d'une union! Au dîner, par surcroît, un invité renversa la salière dans son potage.

C'est souvent aux abords des ports les plus sûrs que la barre est le plus dangereuse. Le mariage une fois franchi, les époux eurent une année entière de calme. Etait-ce le bonheur? M. Lenard, qui n'avait jamais été heureux, était peu qualifie pour le dire. Il prenait de nouvelles habitudes, ce qui est bien, et gardait précieusement les anciennes, ce qui est mieux. Il continua à boire son café sans sucre, à faire des patiences et à recevoir chaque mois la lettre anonyme. Les termes et l'écriture en variaient
 parfois. Il collectionnait les témoignages d'une
 charité si mal dirigée, mais si fidèle.

gegangenes Pferd überquerte die Straße gerade vor den Wagen des Hochzeitszuges. Wie es heißt, bringt schon ein Hase Unglück. Dann schlug die Hochzeitskutsche um. Die Neugierigen und die Schutzleute waren an gespielte Hochzeitszüge für den Film gewöhnt und glaubten, es handele sich um ein Lustspiel. So hüteten sie sich, einzugreifen. Man wartete fast darauf, sie wie in der Geschichte vom Bäckerjungen und vom Kohlenträger aus ihrer Kutsche steigen zu sehen: sie ganz in Schwarz, er ganz in Weiß. Ein böses Vorzeichen, so unmittelbar vor der Vermählung! Zu allem Überfluß verschüttete beim Essen ein Gast noch das Salzfaß in seine Suppe.

Oft sind die Sandbänke gerade an der Einfahrt der sichersten Häfen am gefährlichsten. Nachdem sie endlich verheiratet waren, verbrachten die Eheleute ein Jahr ohne Störung. War dies nun das große Glück? Herr Lenard, der nie glücklich gewesen war, konnte das schlecht beurteilen. Er nahm neue Gewohnheiten an, und das war gut so. Die alten behielt er sorgfältig bei, und das war noch besser. Er trank weiterhin seinen Kaffee ohne Zucker, legte Patiencen und empfing jeden Monat den anonymen Brief. Die Redewendungen und die Schrift änderten sich bisweilen. Er bewahrte diese Beweise einer fehlgeleiteten, aber treuen Nächstenliebe sorgfältig auf.

Or, un 15 au matin, le billet ne vint pas. Ce retard l'intrigua. Il alla répondre à chaque coup de sonnette, espérant le facteur et dut payer une série de factures qu'il espérait bien remettre. Le lendemain il paya la double taxe d'une lettre non affranchie, et qui n'était d'ailleurs qu'un prospectus. Le troisième jour, un malaise qu'il ne cherchait point à s'expliquer le dirigea vers le guichet de la poste restante. Il n'y avait point de lettre à son adresse. Il éprouva l'irritation de celui auquel un journal, sans aucun prétexte, a fait le service, et qui en est subitement privé.

Le mois suivant, même silence. M. Lenard devint inquiet. L'envoi de ces lettres anonymes n'avait aucune signification, mais cet arrêt, peut-être, était significatif. Le véritable mari avait-il découvert le pot aux roses? L'écrivain anonyme s'était-il lassé? Suppositions bien invraisemblables. C'était donc lui, le destinataire, qui avait changé. M. Lenard fut soudain frappé de la profondeur de ses conclusions. N'était-ce pas la farce qu'un ami avait continuée tant qu'elle était inoffensive et qu'il interrompait dès qu'elle présentait quelque

Eines Tages aber kam am 15. morgens das Schreiben nicht. Diese Verspätung beunruhigte ihn. Weil er den Briefträger erwartete, öffnete er auf jedes Klingeln und mußte eine ganze Reihe von Rechnungen bezahlen, die er eigentlich auf später hatte verschieben wollen. Am folgenden Tage bezahlte er Strafporto für einen unfrankierten Brief, der noch dazu nur ein Werbeschreiben war. Am dritten Tage trieb ihn ein unbehagliches Gefühl, das er sich gar nicht erst zu erklären suchte, zum Schalter für postlagernde Sendungen. Aber es war kein Brief für ihn da. Er war verärgert wie jemand, dem ohne Erklärung eine Zeitung ins Haus geschickt wird, und der sie nun plötzlich nicht mehr bekommt.

Dasselbe Schweigen im folgenden Monat. Herr Lenard wurde unruhig. Das Schicken dieser anonymen Briefe hatte überhaupt keinen Sinn gehabt, aber vielleicht war dieses plötzliche Aufhören von Bedeutung? Ob der wirkliche Ehemann die Bescherung inzwischen entdeckt hatte? War der anonyme Briefschreiber der Sache überdrüssig geworden? Sehr unglaubhafte Erwägungen. Also mußte er, der Empfänger, sich geändert haben. Herr Lenard war plötzlich geradezu betroffen von der Tiefgründigkeit seiner Schlußfolgerungen. Handelte es sich nicht vielleicht um einen Scherz, den ein Freund sich so lange erlaubt hatte, wie

danger? En un mot, Mme Lenard le trompait-elle?

Il l'observa. Elle n'avait point modifié l'heure de ses allées et venues. Il la gronda sans raison pour voir. Elle n'hésita point à se mettre en colère. Il énuméra, comme par hasard, quelques plats préférés. On lui servit du veau qu'il abhorrait. Tout cela le rassura, et c'est pourquoi, un beau jour, il résolut de la suivre.

Il la suivit jusqu'au Jardin des Plantes.

Et c'est ici que s'arrête l'histoire. M. Lenard, entre l'otarie et les flamants, vit un jeune homme s'approcher de sa femme. Il salua le premier. Elle sourit la première. Et M. Lenard apprit ainsi que les énigmes de notre passé, quand vient le malheur, savent prendre une vérité rétrospective.

er harmlos war, und mit dem er nun aufhörte, weil irgendeine Gefahr damit verbunden war? Kurz, sollte Frau Lenard ihn etwa betrügen?

Er beobachtete sie. Sie verließ und betrat das Haus zur gewohnten Stunde. Er schalt mit ihr ohne Grund, um sie auf die Probe zu stellen. Ihre Zornesausbrüche ließen nicht auf sich warten. Wie zufällig erwähnte er einige seiner Leibgerichte. Sie setzte ihm Kalbfleisch vor, das er nicht ausstehen konnte. Dies alles bestärkte ihn, und so beschloß er eines Tages, ihr nachzugehen.

Er folgte ihr bis zum Jardin des Plantes.

Und hier geht unsere Geschichte zu Ende. Zwischen dem Seelöwen und den Flamingos sah Herr Lenard einen jungen Mann auf seine Frau zugehen. Er grüßte als erster. Sie lächelte als erste. Und so mußte Herr Lenard erfahren, daß, wenn es das Unglück will, die Rätsel unserer Vergangenheit sich nachträglich lösen können.

Le Banc

Polyte Rigollet, si ses goûts ne l'avaient pas poussé vers une autre carrière, eût fait un fonctionnaire modèle, car il avait les deux qualités essentielles qui caractérisent l'administration que l'Europe nous envie, et celle que nous ne lui envions pas, le souci de sa dignité et l'horreur du changement.

Il entendait ne pas bouger du banc qu'il avait choisi, voilà bientôt dix ans, à l'extrémité du pont des Arts, pour y exercer sa profession d'aveugle-né. (Il était, en effet, venu au monde les yeux collés et n'avait vu le jour qu'à partir du troisième.) Son siège était pour lui ce qu'était, pour ses voisins de l'Institut, leur fauteuil. Il l'astiquait toutes les semaines et, une fois l'an, il le passait au ripolin. Le jour où la peinture séchait, il se tenait simplement debout, et se contentait de retourner sa pancarte sur laquelle on pouvait lire: «Prenez garde à la peinture.»

66 Nénesse Langoury, le cul-de-jatte, qui
67 changeait d'arrondissement comme de che-

Die Bank

Hätten seine Neigungen ihn nicht zu einer anderen Laufbahn bewogen, so wäre aus Polyte Rigollet wohl ein vorbildlicher Beamter geworden. Er besaß die beiden wichtigsten Eigenschaften, welche unsere Verwaltung, um die uns ganz Europa beneidet und auf die wir selbst gar nicht so erpicht sind, kennzeichnen: Das würdevolle Auftreten und die Angst von allem Neuen.

Er war fest entschlossen, die Bank nicht mehr zu verlassen, die er sich am Ende des Pont des Arts vor nun schon bald zehn Jahren ausgesucht hatte, um dort seinen Beruf als Blindgeborener auszuüben. (Er war in der Tat mit verklebten Augen zur Welt gekommen und hatte ihr Licht erst vom dritten Tage an erblickt.) Sein Stammplatz galt ihm ebensoviel wie seinen Nachbarn vom Institut ihr Sitz in der Académie française. Er scheuerte ihn jede Woche und strich ihn einmal im Jahr mit Ölfarbe. Während des Tages, an dem die Farbe trocknete, blieb er einfach stehen und drehte nur sein Schild herum, auf dem dann zu lesen stand: «Vorsicht, frisch gestrichen!»

Nénesse Langoury, dem Krüppel ohne Beine, der die Stadtviertel wie seine Hemden und manchmal so-

mise, quelquefois même tous les mois, ne parvint pas à l'entraîner au Palais-Royal.

– Nénesse, lui répondit le sage, il t'est permis, à toi, d'avoir l'humeur voyageuse. Tu ne sais pas ce que c'est que de se fatiguer les jambes; tu ne sais même pas ce que c'est que de les laisser reposer, même lorsqu'elles ne sont pas fatiguées. Partout où ta vas, c'est le trottoir roulant, tu peux redescendre de Montmartre sans même te servir de tes fers à repasser. D'ailleurs, je n'aime pas demander l'aumône à des gens que je ne connais pas. Et puis, le client n'aime pas le changement. Il préfère – salue, Nénesse, c'est le directeur de la Grande Académie, – il préfère donner ses cinq centimes à un habitué, le sût-il-pochard, qu'à un autre, qui l'est peut-être aussi. Le client n'aime pas être roulé; au moins, avec le premier, il sait ce qui en retourne, et ça le flatte, au fond, de le savoir. N'insiste pas, Nénesse, je suis à mon banc, j'y reste.

Nénesse s'éloignait, à demi convaincu, avec son air de perpétuel enlisé, quand une vieille
68 femme s'assit sur le bout libre du banc. Elle
69 avait une belle coiffe blanche, des sabots neufs

gar jeden Monat wechselte, gelang es nicht, ihn zum Palais-Royal mitzunehmen.

«Nénesse», gab ihm unser weiser Freund zur Antwort, «du kannst dir deine Abenteuerlust erlauben. Du weißt nichts davon, was es heißt, wenn einem die Beine müde werden. Du weißt nicht einmal, wie schön es ist, sie ausruhen zu lassen, selbst wenn sie nicht ermüdet sind. Du kannst hingehen wo du willst, für dich hat der Bürgersteig immer Räder. Du kannst sogar den Montmartre hinunterrollen, ohne deine Stöcke zu benutzen. Außerdem mag ich nicht von Leuten etwas annehmen, die ich nicht kenne. Und die Kunden sind auch nicht für Abwechslung. Sie geben lieber – sag guten Tag, Nénesse, da kommt der Direktor der Großen Akademie –, sie geben lieber ihre fünf Centimes einem Bettler, den sie kennen, selbst wenn sie wissen, daß er das Geld vertrinkt, als einem Unbekannten, der vielleicht dasselbe tut. Die Kundschaft will nicht übervorteilt werden. Beim Ersteren weiß sie, was dabei herauskommt, und fühlt sich im Grunde geschmeichelt. Gib dir keine Mühe, Nénesse, dies ist meine Bank und hier bleibe ich!»

Nénesse, der immer so aussah, als sei er zur Hälfte in die Erde versunken, setzte halb überzeugt seinen Weg fort, als eine alte Frau sich auf das freie Ende der Bank setzte. Sie trug ein hübsches weißes Häub-

et un fichu de luxe qu'elle croisa avant de croiser définitivement ses mains. Au bout d'un quart d'heure, comme elle ne pipait pas, Polyte décida de lui adresser la parole. La femme, c'est bavard, mais ça veut de l'encouragement.

– Un bon banc, hein?

Elle le regarda, mais ne répondit pas. Polyte n'en fut pas vexé. La femme, c'est méfiant. Et ça a raison! Il y a tant de sacripants qui ont fini de bien faire.

– C'est du bois comme on n'en fait plus, ajouta-t-il plus cordialement encore, en appliquant une tape vigoureuse sur le dossier.

La bonne femme sursauta, le fixa d'un air furieux, mais ne broncha point. Celui qui lui avait coupé le fil avait volé ses vingt sous. Polyte n'insista plus; la vue d'un client attitré, qui se rendait à la Monnaie, vint le distraire.

Mais un prodigieux étonnement empêcha sa bouche, qui s'était largement fendue pour un sourire, de revenir à sa position normale; l'habitué avait mis la pièce dans le tablier de la voisine.

– Y a erreur, hasarda Polyte, c'est moi, l'aveugle.

chen, neue Holzschuhe und ein vornehmes Halstuch, das sie über Kreuz legte, bevor sie ihre Hände in gleicher Anordnung zur Ruhe kommen ließ. Als sie nach einer Viertelstunde noch keinen Ton gesagt hatte, beschloß Polyte sie anzusprechen. Die Weiber sind schwatzhaft, aber sie wollen dazu ermuntert werden.

«Schöne Bank, was?»

Sie blickte ihn an, gab aber keine Antwort. Polyte focht das nicht an. Weiber sind mißtrauisch. Und eigentlich haben sie recht. Es gibt ja genug schlechte Kerle, die nur Böses im Sinn haben.

«So ein Holz gibt's heutzutage nicht mehr», setzte er in freundlichem Ton hinzu und schlug dabei kräftig auf die Lehne.

Die gute Frau fuhr zusammen, sah ihn böse an, reagierte aber nicht. Der Mann, der die mal sitzengelassen hatte, war bestimmt mit ihren paar Kröten durchgebrannt. Polyte gab es auf; der Anblick eines Stammkunden, der zum Münzamt ging, lenkte ihn ab.

Aber sein Mund, der sich schon zu einem breiten Lächeln geöffnet hatte, wurde durch ein ungeheures Erstaunen daran gehindert, wieder in seine normale Stellung zurückzukehren. Der Kunde hatte das Geldstück in die Schürze seiner Nachbarin geworfen.

«Das ist ein Irrtum», platzte Polyte heraus, «der Blinde bin ich.»

La vieille le toisa:

– Vous, fit-elle, la paix. Les bancs sont à tout le monde et pas à monsieur. Je tiens à mendier sur ce pont; ma famille loge au-dessous.

Polyte ne dit rien, mais il en pensa davantage. Il cherchait déjà les moyens de reconquérir son domaine. Il en avait le droit; il en avait aussi le devoir; son banc ne dépendait-il pas, en somme, d'un Institut où les femmes ne sont pas admises?

Polyte, avant l'expropriation, accorda quelques jours de répit, comme l'Etat. Il se contenta, la première semaine, au lieu de cracher dans la Seine pour faire des ronds et voir si l'eau était pure, de cracher autour de lui, de pincer à la dérobée le petit chien que la vieille installait au milieu du banc et de déplier, vers quatre heures, un roquefort dont le parfum s'accrochait au banc, au pont, et à tout l'après-midi. Mais la vieille restait muette, sourde, insensible d'odorat. Elle souriait cependant quand les âmes charitables la prenaient, elle et son chien, pour les compagnons de Polyte, et lui donnaient leur sou en disant: «Pauvre aveugle!»

Die Alte blickte ihn scharf an:

«Maul halten», sagte sie. «Die Bänke sind für alle da, nicht nur für Sie. Ich bestehe darauf, auf dieser Brücke zu betteln. Unter ihr wohnt meine Familie.»

Polyte sagte nichts, dachte aber um so mehr. Er suchte schon nach den geeigneten Mitteln, um sein Reich zurückzuerobern. Er hatte ein Recht darauf, er war sogar dazu verpflichtet. Unterstand seine Bank nicht letzten Endes dem Institut, wo Frauen nicht zugelassen sind?

Wie der Staat gab auch Polyte vor der Enteignung eine Frist von einigen Tagen. Anstatt wie sonst in die Seine zu spucken, um Wellenringe zu machen und zu sehen, ob das Wasser sauber sei, begnügte er sich während der ersten Woche damit, nur in der näheren Umgebung zu spucken und den kleinen Hund, den die Alte auf die Bankmitte setzte, unauffällig zu kneifen. Gegen vier Uhr wickelte er einen Roquefortkäse aus, dessen Geruch sich der Bank, der Brücke und dem ganzen Nachmittag mitteilte. Aber die Alte blieb stumm, taub und ohne Geruchsvermögen. Sie lächelte nur freundlich, wenn barmherzige Seelen sie und ihren Hund für die Begleiter von Polyte hielten und ihr den Sous gaben mit den Worten: «Der arme Blinde!»

Un lundi, l'aveugle se décida à lancer son ultimatum sous la forme d'un clou à percer, qu'il enfonça de grand matin par le dessous du banc, et sur lequel la vieille, en s'asseyant, posa une main imprudente.

– Faut faire saigner, conseilla Polyte, avec une fausse compassion.

Elle ne se fit pas saigner et, cependant, n'en mourut point.

Le lendemain réservait à Polyte une occasion inespérée de victoire. Un homme se déshabilla sur le pont; les agents des moeurs arrivaient quand il se précipita dans la Seine; les agents des moeurs allèrent donc prévenir leurs collègues de la brigade fluviale. La brigade fluviale trouva le noyé debout sur une borne et haranguant la foule dans une langue tellement étrangère qu'elle se retira pour mander des collègues interprètes.

La vieille n'avait pu résister aux sollicitations de la curiosité, et, à son retour, elle trouva sa place occupée par Nénesse que Polyte avait hissé à grand'peine et qui, accroupi en sphinx, semblait poser à la vieille une insolente énigme à laquelle elle répondit par le sergent de ville:

Eines Montags beschloß der Blinde, sein Ultimatum zu stellen in Form eines Nagels, den er früh am Morgen von unten durch die Bank schlug, und auf den die Alte beim Hinsetzen unvorsichtigerweise ihre Hand stützte.

«Lassen Sie sich einen Aderlaß machen», riet Polyte mit gespielter Anteilnahme.

Sie verzichtete auf einen Aderlaß und starb trotzdem nicht.

Der folgende Tag brachte Polyte eine unverhoffte Gelegenheit, den Kampf siegreich zu beenden. Ein Mann entkleidete sich auf der Brücke. Als die Beamten der Sittenpolizei kamen, stürzte er sich gerade in die Seine. So mußten die Beamten der Sittenpolizei ihre Kollegen von der Wasserschutzpolizei benachrichtigen. Die Wasserschutzpolizei fand den Ertrunkenen, wie er auf einem Pfahl stand und in einer so fremdartigen Sprache der Menschenmenge eine Rede hielt, daß sie sich zurückzog, um die Kollegen vom Dolmetscherkommando anzufordern.

Die Alte hatte den Versuchungen der Neugier nicht widerstehen können und fand bei der Rückkehr ihren Platz von Nénesse besetzt, den Polyte mit Mühe hinaufgehoben hatte. Er hockte da wie eine Sphinx und schien der Alten ein unverschämtes Rätsel aufzugeben, auf das sie durch den Schutzmann antwortete:

– Faut voir à descendre, dit l'agent, on ne monte pas sur les bancs.

– Je monte pas sur les bancs, dit Nénesse, je suis assis.

L'autorité a ceci de particulier que son propre rire ne la désarme pas. Elle prit Nénesse dans ses bras et le posa paternellement à terre. Vexé, il s'éloigna à grandes brassées.

Le mercredi, Polyte décida de ne pas regarder à la dépense. Il se leva avant l'aurore et, pendant qu'elle rougissait aimablement la Seine, il passa, lui, son banc au rouge!

La vieille vint, s'assit d'un coup, mais pour se relever immédiatement, criant, pleurant, ameutant la foule en montrant ses paumes ensanglantées de ripolin et le dessous de son chien qui s'était, lui aussi, assis prématurément. Polyte, qui avait retourné sa pancarte, semblait impassible comme le musée Grévin tout entier et, cependant, au fond de son âme, se jouait une des scènes les plus émouvantes de l'Ambigu. La vue de cette femme désolée, la crainte, surgie subitement, d'une indemnité, avaient apaisé d'un coup sa haine. Il comprenait qu'il n'y a qu'une façon de se débar-

«Da müssen Sie runter», sagte der Schutzmann, «es ist nicht gestattet, auf die Bänke zu steigen.»

«Ich steige ja gar nicht auf die Bänke», sagte Nénesse, «ich sitze.»

Eine besondere Eigenart der Obrigkeit ist, daß ihr eigenes Lachen sie nicht entwaffnet. Sie nahm Nénesse in die Arme und setzte ihn väterlich auf die Erde. Mit großen Armschwüngen rollte er gekränkt davon.

Am Mittwoch beschloß Polyte, keine Ausgabe mehr zu scheuen. Er erhob sich, bevor die Sonne aufging, und während sie die Seine in ein freundliches Rot tauchte, strich auch er seine Bank rot an.

Die Alte kam und setzte sich ohne Zögern hin. Aber sofort sprang sie wieder auf, schrie, heulte und erregte die Herumstehenden mit ihren von Ölfarbe blutigen Händen und der Unterseite ihres Hundes, der auch etwas voreilig Platz genommen hatte. Polyte hatte sein Schild umgedreht und schien gleichgültig wie die Wachsfiguren im Musée Grévin. Aber im Grunde seiner Seele spielte sich eine Szene ab, wie sie im Ambigu-Theater nicht herzbewegender hätte sein können. Mit einem Schlage hatten der Anblick dieser verzweifelten Frau und die plötzliche Furcht vor einer Schadenersatzleistung all seinen Haß besänftigt. Er erkannte, daß man die Frauen nur auf eine Weise

rasser des femmes: c'est de se marier. Peut-être ne serait-il pas le maître chez lui, mais il y serait si rarement. Et le banc, le banc serait libre.

Voilà pourquoi, quinze jours plus tard, on pouvait lire sur le dossier l'affiche suivante:

«L'aveugle-né et la sourde sont absents pour cause de même mariage.»

Les trois premières semaines de la lune de miel furent délicieuses. Polyte les passait sur son banc, tout seul, s'y allongeant quand tombait la nuit. Mais il n'y a pas, en ce monde, de bonheur durable. Avoir une fois affaire avec les femmes, c'est comme avec les gendarmes et les usuriers: on en a pour toute la vie. Il constata un beau matin que le bout du banc était occupé par une agréable personne qui, aux charmes corporels les plus évidents, joignait une intelligence toute moderne, puisqu'elle offrait une prime à ceux qui lui faisaient l'aumône, sous la forme d'un bouquet de violettes.

– Que n'est-elle venue la première! se dit Polyte.

78 On peut lutter avec la femme, mais pas
79 avec la beauté. L'aveugle, ce jour-là, ne fit

loswerden kann: indem man sie heiratet. Vielleicht würde er nicht mehr Herr im Hause sein, aber er war ja so selten daheim. Und die Bank – die würde frei werden.

Deshalb konnte man vierzehn Tage später auf der Banklehne folgende Mitteilung lesen:

«Der Blindgeborene und die taube Frau sind abwesend wegen gegenseitiger Heirat.»

Die ersten drei Flitterwochen waren herrlich. Polyte verbrachte sie ganz allein auf seiner Bank und legte sich zur Nacht auf ihr schlafen. Aber kein Glück auf dieser Welt ist beständig. Gerät man einmal den Frauen in die Hände, so ist das wie mit den Polizisten und den Wucherern: man hat zeitlebens mit ihnen zu tun. Eines schönen Morgens stellte er fest, daß auf dem anderen Ende der Bank ein schönes Mädchen saß, das außer über auffallende körperliche Reize auch über eine ganz moderne Intelligenz verfügte; sie bot nämlich den edlen Spendern eine Prämie in Form von Veilchensträußen an.

«Warum ist sie nicht als erste gekommen!» sprach Polyte zu sich.

Gegen die Frau kann man kämpfen, aber nicht gegen die Schönheit. An diesem Tage nahm der Blinde

qu'un sou. Le lendemain, il fit moins encore. Le surlendemain, vers midi, il désespéra. Il plia son coussin, caressa une dernière fois le dossier du banc et se leva. L'Institut étendait ses ailes sur les bouquinistes, comme une poule les étend sur ses poussins. La Seine roulait à sa surface des millions de poissons d'argent. Alors, d'un pas délibéré, il quitta le pont des Arts. Henri IV aura moins d'allure et de grandeur au jour d'expropriation qui le chassera du Pont-Neuf.

Mais c'est l'éternelle histoire. Ce qu'une femme a brisé, une femme le répare.

Ce fut Mme Polyte qui reprit le banc, et elle mena si dure vie à la marchande de violettes que celle-ci vient de faire faillite et a dû entrer dans le commerce.

nur einen ganzen Sou ein. Am nächsten Tage noch weniger. Am übernächsten Tage gegen Mittag gab er es auf. Er faltete sein Kissen zusammen, streichelte ein letztes Mal die Lehne der Bank und stand auf. Das Institut breitete seine Flügel über die Buchhändler am Quai wie eine Glucke über ihre Küken. Die Seine war von Millionen silbrig glänzender Fische bedeckt. Festen Schrittes verließ Polyte den Pont des Arts. Heinrich IV. sollte eines Tages weniger Haltung und Größe haben, als er in effigie enteignet und vom Pont-Neuf verjagt wurde.

Aber es kam, wie es immer kommt. Was eine Frau zerbricht, macht eine Frau wieder gut.

Frau Polyte übernahm die Bank und machte der Veilchenverkäuferin das Leben so schwer, daß sie jetzt in Konkurs gegangen ist und sich gewerblich betätigen muß.

La Méprise

Emile Durand eût été le plus heureux des hommes sans une malchance native qui accumulait quotidiennement sous ses pas les petites mésaventures dont nous nous contentons fort bien, nous autres, à raison d'une par semaine. Quand il montait dans un fiacre, le cheval s'emballait. Quand il prenait une automobile, le moteur, subitement calmé, s'éteignait. Ses faux cols étaient trop étroits et l'encolure de ses chemises trop large. Le tablier de sa cheminée consentait parfois à se baisser, mais refusait énergiquement, comme le rideau d'un théâtre de province, de se relever. Aussi Emile Durand était-il devenu maniaque, méticuleux, et il se promenait dans la vie avec la méfiance et les précautions d'un enfant qui étrenne perpétuellement un costume.

Ce jour-là, par exemple, après avoir collé un timbre sur chacune des deux lettres qu'il venait d'écrire, il regarda si les enveloppes étaient bien closes, si le papier n'en était point trop transparent, et il ne les glissa dans la boîte qu'après en avoir contrôlé les adresses.

Die Verwechslung

Emil Durand wäre der glücklichste Mensch auf Erden gewesen, wenn ihn nicht ein angeborenes Pech verfolgt hätte, das ihm tagtäglich jene kleinen Ärgernisse in den Weg legte, mit denen unsereins sich ohne weiteres einmal wöchentlich begnügt. Stieg er in eine Droschke, so ging das Pferd durch. Nahm er ein Auto, so verlor plötzlich der Motor allen Schwung und blieb stehen. Seine abnehmbaren Kragen waren zu eng und der Ansatz am Hemd zu weit. Die Verschlußklappe im Kamin war zwar manchmal dazu zu bewegen, sich zu schließen, weigerte sich aber standhaft wie der Vorhang eines Provinztheaters, wieder aufzugehen. So war Emil Durand wunderlich und überängstlich geworden. Er ging durch das Leben mit dem Mißtrauen und der Vorsicht eines Kindes, das ständig ein neues Kleid zum ersten Male trägt.

So prüfte er beispielsweise eines Tages, nachdem er auf jeden der beiden soeben geschriebenen Briefe eine Marke geklebt hatte, ob auch die Umschläge richtig verschlossen und nicht zu durchscheinend waren. Erst nachdem er die Anschriften überprüft hatte, steckte er sie in den Briefkasten. Ja, er griff sogar in den engen Schlitz, um sich zu vergewissern, daß sie auch wirk-

Il passa même la main dans l'étroite fente pour s'assurer qu'elles étaient bien tombées jusqu'au fond et ne réussit d'ailleurs qu'à se meurtrir douloureusement les doigts à un fil de fer qui faisait grille. Puis, non sans calculer les chances que ses lettres avaient d'être égarées parmi les imprimés, expédiées en province, incendiées par les moteurs des autos postales, il remonta vers le Luxembourg.

C'était un après-midi d'avant printemps où de gros nuages vaguaient dans le ciel. Un vent mi-aquilon, mi-zéphyr faisait claquer sur le dôme du Sénat un pavillon jadis national, mais qui n'était plus que portugais, le tiers rouge ayant disparu. Des étudiantes marchaient avec décision contre cet air qui rougissait leur nez et décolorait leurs lèvres. Emile les suivait d'un regard alangui. Ce n'est point qu'il recherchait une intrigue. Il avait, au contraire, une maîtresse qu'il avait beaucoup aimée, une fiancée qu'il se sentait disposé à aimer beaucoup, et c'est à elles, justement, qu'il venait d'écrire. Cet hiver finissant lui donnait la nostalgie de son pro-
84 chain foyer. Ce printemps qui s'avançait lui
85 rendait plus vif le souvenir de ses promenades

lich ganz hinuntergefallen waren. Der einzige Erfolg war, daß er sich die Finger sehr schmerzhaft an einem Draht verletzte, der als Sperre diente. Dann ging er zurück in Richtung des Jardin du Luxembourg, nicht ohne sich auf dem Wege die Wahrscheinlichkeit auszurechnen, mit der die Briefe unter die Drucksachen geraten, in die Provinz versandt oder durch einen Motorbrand des Postautos in Flammen aufgegangen waren.

Dicke Wolken zogen an diesem Vorfrühlingstag am Himmel. Der Wind war weder richtig rauh noch eigentlich lind. Er ließ auf der Kuppel des Senatsgebäudes eine Flagge knattern, die einst die Nationalfarben getragen hatte, jetzt aber nur noch die Farben Portugals zeigte, da das rote Drittel verschwunden war. Studentinnen gingen entschlossenen Schrittes gegen diesen Wind an, der ihre Nasen rötete und ihre Lippen entfärbte. Emil blickte ihnen sehnsuchtsvoll nach. Nicht etwa, weil er eine Bekanntschaft anknüpfen wollte. Er besaß im Gegenteil eine Freundin, die er sehr geliebt hatte, und eine Braut, von der er fühlte, daß er sie sehr lieben würde. An diese beiden Damen hatte er gerade geschrieben. Der ausklingende Winter weckte in ihm die Sehnsucht nach einem baldigen Familienleben. Andererseits machte der beginnende Frühling die Erinnerung an verliebte Spaziergänge

amoureuses. Il goûtait sans en chercher plus long les charmes de la transition.

Soudain, un soupçon terrible germa dans son esprit. Il essaya de se distraire en suivant les ébats frénétiques des joueurs de croquet. Mais chaque coup de maillet enfonçait dans son cerveau l'idée qu'il en voulait chasser. Il fit les cent pas, puis les mille. Hélas! le soupçon se précisait, irrésistible. Ainsi monte dans une rue, par les caves, l'inondation. Maintenant, il ne pouvait plus douter: il s'était trompé d'enveloppes! Louise, sa fiancée, allait recevoir le billet suivant: «A demain soir pour le dîner, Jeanne adorée! Il y a dans l'air je ne sais quelle tiédeur, quelle douceur qui ne me fait penser qu'à toi depuis ce matin.» Et Jeanne, son amie, quelle stupeur allait être la sienne quand elle lirait: «A demain matin pour le déjeuner, petite fiancée et chère Louise. Il y a dans le ciel je ne sais quelle fraîcheur, quelle douceur!»

Tout était perdu! A moins, peut-être, de courir, de devancer les lettres, d'obtenir d'avance le pardon en avouant tout. Les femmes aiment
86 que l'on avoue. Certaines gens inventent même
87 des fautes pour leur plaisir. Emile se précipita

nur um so lebhafter. Er genoß den Reiz dieser Übergangszeit, ohne weiter darüber nachzudenken.

Plötzlich keimte in ihm ein gräßlicher Verdacht. Er versuchte sich abzulenken, indem er den verbissenen Anstrengungen der Krocket-Spieler zusah. Aber jeder Hammerschlag trieb den Gedanken, den er daraus verjagen wollte, nur noch tiefer in sein Gehirn. Er tat die bekannten hundert Schritte, dann tausend. Aber der Verdacht wurde immer klarer, immer unwiderstehlicher. So steigen die Fluten einer Überschwemmung aus den Kellern auf die Straße. Es gab jetzt keinen Zweifel mehr: er hatte die Umschläge verwechselt! Louise, seine Braut, würde folgendes Schreiben empfangen: «Bis morgen abend zum Nachtessen, geliebte Jeanne! Es liegt eine unerklärliche Wärme, eine Süße in der Luft, die mich seit heute morgen nur noch an Dich denken läßt.» Und wie bestürzt würde seine Freundin Jeanne sein, wenn sie las: «Bis morgen vormittag zum Mittagessen, meine kleine Braut und liebste Louise. Es kommt eine unerklärliche Kühle, eine sonderbare Süße vom Himmel!»

Alles war verloren! Außer wenn er vielleicht hinlaufen würde, die Briefe überholen und im voraus durch ein volles Geständnis Verzeihung erlangen. Frauen lieben Geständnisse. Manche Leute denken sich sogar Fehltritte aus, um ihnen eine Freude zu

dans le premier autobus venu. Ce n'était pas le bon, mais à l'aide de deux correspondances, il arriva enfin à la demeure de sa fiancée.

Louise était ce que sa mère appelait seule. C'est-à-dire qu'elle était seule avec sa mère. Emile s'assit avec un calme feint. Il parla posément du temps de demain en faisant de futiles allusions au temps d'hier. Il prit la main de sa fiancée et la garda, par contenance. Au cours des promenades, il s'occupait à lui enlever son gant; mais elle n'avait aujourd'hui qu'un dé, et il ne pouvait non plus faire l'éloge de sa bague, qu'il avait donnée. Décidé par l'inaction même, il se jeta brusquement à ses genoux.

– Louise! Louise! supplia-t-il. Je vous aime. Je vous adore. Mais je vous ai menti. J'ai encore une maîtresse.

Ce fut du beau. Louise s'affaissa sur sa chaise. Selon les lois du contrepoids, sa mère se dressa, étendit une main qu'Emile ne se sentit aucune velléité de prendre ou de caresser.

– Sortez! fit-elle.

Elle montrait la fenêtre, dans sa colère.
88 Emile, plus modeste, se contenta de prendre
89 la porte.

machen. Emil sprang in den nächstbesten Autobus. Es war nicht der richtige, aber mit zweimal Umsteigen erreichte er glücklich die Wohnung seiner Braut.

Louise war, wie ihre Mutter das nannte, allein. Das heißt, sie war allein mit ihrer Mutter. Mit gespielter Ruhe nahm Emil Platz. Er sprach sehr gewählt vom morgigen Wetter und machte dabei flüchtige Andeutungen auf das Wetter von gestern. Aus Anstand ergriff er die Hand seiner Verlobten und hielt sie fest. Auf ihren Spaziergängen beschäftigte er sich meistens damit, ihr den Handschuh auszuziehen; aber heute trug sie nur einen Fingerhut. Andererseits konnte er schlecht ihren Ring loben, den er ihr geschenkt hatte. Gerade diese Untätigkeit gab ihm Kraft, und plötzlich warf er sich auf die Knie.

«Louise, Louise!» flehte er. «Ich liebe Sie. Ich bete Sie an. Aber ich habe Sie belogen. Ich habe noch eine Freundin.»

Das war stark. Louise brach in ihrem Stuhl zusammen. Nach den Gesetzen des Gegengewichts stand dafür die Mutter auf und streckte eine Hand aus, die zu ergreifen oder zu liebkosen Emil nicht die mindeste Lust verspürte.

«Gehen Sie!» rief sie.

In ihrem Zorn zeigte sie zum Fenster. Emil war bescheiden genug, mit der Tür vorlieb zu nehmen.

Puisque la fiancée était perdue, il fallait du moins sauver l'amie. Emile gravit donc, avec plus de résignation que de conviction, le haut escalier de Jeanne. Il ne prit même pas le soin, pour se distraire en les gravissant, de vérifier si les six étages avaient le même nombre de marches ou de faire son budget de la semaine. Parvenu enfin au bon palier, il attendit une minute, frappa de sa canne, plus fort qu'il ne l'aurait voulu, puis, remarquant la sonnette, il l'agita longuement. Enfin, après tout ce vacarme, pour se donner une contenance, il fredonna *l'Internationale*. Jeanne vint ouvrir, effarée.

– Qu'as-tu, Emile, tu deviens fou?

Autant valait en finir tout de suite.

– Je ne suis pas fou, dit-il. Je me marie. Je n'entre que si tu me pardonnes?

Elle le regardait fixement, examinant chacun de ses traits, de plus en plus nerveuse, comme si elle découvrait peu à peu, aux oreilles, au nez, aux lèvres de son ami, des anneaux de fiançailles.

– Ah! Monsieur se marie! Et avec qui
90 Monsieur peut-il se marier?

91 La colère gagna Emile.

Da die Braut nun einmal verloren war, mußte jedenfalls die Freundin gerettet werden. So erklomm Emil eher resigniert als zuversichtlich die lange Treppe zu Jeanne. Er versäumte sogar, sich beim Hinaufsteigen dadurch abzulenken, daß er nachprüfte, ob auch alle Stockwerke die gleiche Anzahl von Stufen aufwiesen, oder indem er seinen Haushaltsplan für die laufende Woche aufstellte. Als er endlich am richtigen Treppenabsatz angelangt war, wartete er eine Minute, klopfte mit seinem Spazierstock lauter als beabsichtigt und drückte dann, als er sie entdeckte, lange auf die Klingel. Um sich nach diesem Lärm Haltung zu verleihen, summte er die Internationale vor sich hin. Jeanne öffnete ihm mit bestürzter Miene.

«Was hast du, Emil? Bist du verrückt geworden?»

Am besten machte man wohl gleich Schluß.

«Ich bin nicht verrückt», sagte er, «ich heirate. Und ich komme nur hinein, wenn du mir verzeihst.»

Sie blickte ihn starr an, prüfte jeden seiner Gesichtszüge und wurde immer unruhiger. Es war, als entdecke sie nach und nach an den Ohren, an der Nase und an den Lippen ihres Freundes lauter Verlobungsringe.

«So! Der Herr verheiraten sich! Und wen beabsichtigen der Herr zu heiraten?»

Emil wurde vom Zorn gepackt.

– Monsieur se marie avec une jeune fille de dix-huit ans. Elle est blonde. Elle s'appelle Louise. Elle a une fossette au menton et un signe sur le bras gauche. Son père est caissier et sa mère est charmante. Voilà avec qui Monsieur se marie. Et Monsieur n'entrera que si tu lui pardonnes.

– C'est bon, fit Jeanne. Décampe.

On était sur le palier. Mais une maîtresse irritée est toujours chez soi. Et Emile, obéissant au geste qui lui montrait l'escalier, s'y engouffra sans répliquer, de même que l'on suit de confiance, dans le Métropolitain, l'indication vers la sortie, alors même qu'elle semble nous diriger vers le centre de la terre. Jeanne, d'ailleurs, courut jusqu'à la rampe, et, faisant un projectile d'une lettre froissée, précipita sa déroute. Emile ramassa machinalement la lettre, et disparut.

Dans l'autobus où il sauta – ce n'était pas le bon, mais du moins il allait vite – Emile, en tirant son mouchoir, fit tomber de sa poche la boule de papier. Il la reconnut.
92 C'était la lettre écrite le matin. Les femmes
93 sont bien hypocrites. Jeanne avait feint de

«Der Herr heiratet ein junges Mädchen von achtzehn Jahren. Sie ist blond und heißt Louise. Sie hat ein Grübchen am Kinn und ein Muttermal am linken Arm. Ihr Vater ist Kassierer und ihre Mutter eine entzückende Frau. Da hörst du, wen der Herr heiratet. Und der Herr wird nur hineinkommen, wenn du ihm verzeihst.»

«Schon gut», sagte Jeanne. «Mach, daß du rauskommst.»

Sie standen auf dem Treppenabsatz. Aber eine wütende Geliebte ist immer bei sich zu Hause. Deshalb gehorchte Emil der Handbewegung, mit der sie auf die Treppe deutete, und stürzte ohne Widerrede hinunter, so wie man in der Untergrundbahn vertrauensvoll dem Schild «Ausgang» folgt, auch wenn es uns zum Erdmittelpunkt zu führen scheint. Jeanne lief übrigens noch bis ans Geländer und beschleunigte seinen Rückzug, indem sie einen zusammengeknüllten Brief als Wurfgeschoß benutzte. Emil hob ihn unwillkürlich auf und verschwand.

Im Autobus, in den er gesprungen war – es war nicht der richtige, aber er fuhr jedenfalls schnell –, zog Emil sein Taschentuch und ließ dabei das Papierknäuel aus der Tasche fallen. Er erkannte es wieder. Es war der am Morgen geschriebene Brief. Wie scheinheilig die Frauen sind! Da hatte Jeanne so getan, als

ne rien savoir, alors qu'elle avait été mise au courant par le billet destiné à Louise.

Il voulut la relire, par dépit. Il la déplia. O stupeur! Il n'y avait pas eu confusion. Jeanne avait reçu le mot destiné à Jeanne. Louise devait recevoir en ce moment le billet destiné à Louise. C'était bien gratuitement qu'Emile avait perdu deux femmes et deux bons repas.

Les bons repas ne se retrouvent jamais, et je ne sais si Durand a fait la paix avec ses amies. Mais il a décidé, depuis ce jour, de ne plus contrarier le hasard. Il ne choisit plus, en voyage, le wagon du centre, le moins exposé aux accidents. Il ne marche plus au milieu de la chaussée, les jours d'orage, pour éviter les tuiles et les tuyaux d'arrosage. Il lui est même arrivé, avant-hier, de mettre à dessein, dans la boîte destinée aux lettres de Paris, tout un courrier qu'il envoyait en province.

wüßte sie von nichts, und dabei war sie durch das für Louise bestimmte Schreiben schon auf dem Laufenden.

Vor lauter Ärger wollte er den Brief noch einmal lesen und entfaltete ihn. Oh Schreck! Es hatte gar keine Verwechslung vorgelegen! Jeanne hatte die für Jeanne bestimmten Zeilen erhalten. Louise empfing gewiß in diesem Augenblick das für Louise bestimmte Schreiben. So hatte Emil völlig umsonst zwei Frauen und zwei gute Mahlzeiten verloren.

Gute Mahlzeiten findet man nie wieder, und ich weiß auch nicht, ob Durand sich mit seinen Freundinnen ausgesöhnt hat. Jedenfalls beschloß er vom selben Tage an, den Zufall gewähren zu lassen. Auf Reisen wählt er nicht mehr den am wenigsten von Unfällen bedrohten Wagen in der Mitte des Zuges. Beim Gewitter geht er nicht mehr auf die Straßenmitte, um herabfallenden Ziegeln und Dachrinnen auszuweichen. Vorgestern hat er es sogar fertiggebracht, absichtlich einen ganzen Stapel Fernsendungen in den Kasten für Briefe innerhalb von Paris zu stecken.

Wenige Jahre bevor Giraudoux seine Feuilleton-Geschichten schrieb, war Alphonse Allais auf diesem Gebiete tätig. Neunundzwanzig seiner unzähligen (oft schwärzlichen, oft absurden) Prosa-Späße enthält das Buch:

Alphonse Allais: Allez-y, lisez Allais / Na los, lesen Sie Allais. Satiren der Jahrhundertwende. – dtv 9261